民间信仰口袋书系列

主编　徐华龙

神

赵李娜　著

上海辞书出版社

总　序

一

中国人的民间信仰是多元、多样和多彩的。这与中国的民族结构有密切的关系。人类学大师费孝通先生说过：

> 中华民族……是由许许多多分散孤立存在的民族单位，经过接触、混杂、联结和融合，同时也有分裂和消亡，形成一个你来我去、我来你去、我中有你、你中有我，而又各具个性的多元统一体。[①]

纵观上下五千年的中国历史，在中华民族我中有你、你中

[①] 费孝通主编：《中华民族多元一体格局》，中央民族大学出版社 1999 年版，第 3 页。

有我的"滚雪球"过程中,中华民族从夏商周三代到秦的多元融合走向华夏一体,经历了夏、商、周、楚、越等族从部落到民族的发展过程,又经历了夏、商、周、楚、越等族及部分蛮、夷、戎、狄融合成华夏民族的历史过程。此后,从两汉到清代又经历了从民族互化到汉化成为民族融合主流的历史过程。就是在这悠悠几千年的历史过程中,及至清道光三十年(1851年),中国人口已达4亿以上①。进入近现代以后,中华民族这个雪球仍然不断地向前发展,到中华人民共和国建立时,其人口已逾6亿;经过改革开放,中国人口已发展到13亿之多。

涓涓细流汇成大海,就是在这个长时期的大交往、大交流、大交融的互动、磨合和整合中,中国人的民间信仰才形成多元的格局。

二

这样一来,融入中华民族的各民族或族群,在"滚雪球"

---

① 王育民:《中国人口史》,江苏人民出版社1995年版,第515页。

的过程中自然而然地又把各民族或族群的民间信仰,带入了中华民族的信仰文化之中,这又铸成了中国人民间信仰多样性的特征。民俗学家乌丙安在《中国民间信仰》一书中曾说过:

> 中国的民间信仰不仅有如天地、日月、星辰等自然体,还有风、雨、雷、电、虹、霓、云、霞、水、火、山、石等自然物和自然力,还有各种动植物等都在崇拜之列。与此同时,民间还崇拜人死后的所谓"灵"以及其遗骨、遗物、遗迹的"灵";还崇拜人们赋予很多自然物或人工物以化形的"灵"或"精";还包括崇拜幻象产生的多种职司各异的神灵;还崇拜被认为是附在活人身上的某种"灵"(或神灵、或鬼灵、或精灵);还崇拜所有人力所不及的幻想中的超自然力量;还崇拜被认为不可抗拒的一种"天命"(宿命)等等,不计其数,包罗万象。①

---

① 乌丙安:《中国民间信仰》,上海人民出版社 1965 年版,第 4—5 页。

　　中国民间信仰的多样还表现在鬼灵的多样上。如蒙古族民间所崇拜的"天"，即蒙语称的"腾格里"，其后"腾格里"这一概念受各教影响被加上各种称呼，分成众多神灵，如后世就有99个之说，其中西方有55个都是善神，东方的44个腾格里都是恶神。景颇族表现传统信仰的史诗《穆瑙斋瓦》中所祭的鬼就有34种，各不相同。水族的巫书《水书》中收录并给予祭祀的善鬼就至少有54个，各有其名，专司不一，恶鬼至少有99个，鬼性各一①。凡此等等，不胜枚举。

　　这种信仰态势，自然而然地铸成了中国人民间信仰多样性的特征。君不见，古往今来，中国人从天到地，从人到灵，从动物到植物，从幻想物到超自然力，只要你想象得到的一切人和物，中国民间都会创造出一个神来加以供奉和膜拜。

三

　　文化是要表达的。世上没有不表达的文化，只有表达的

---

① 乌丙安：《中国民间信仰》，上海人民出版社1965年版，第5页。

文化。多元、多样的特点必然会给中国人的民间信仰带来多彩的文化表达。

如在中国人的民间信仰中，灵魂不死观念的表达就光怪陆离。神是宗教及神话中所幻想的、主宰物质世界和精神世界的超自然的存在，据说正直之人死后可为神，动物植物也能成神；而仙是古代道家和方士所幻想的一种超出人世、长生不老之人，他们是由凡人修炼而成；鬼则是人死后不灭的精灵。神、仙、鬼的不同形象，反映了中国人的民间信仰的多彩。

又如佛教诸神是外来的神，道教诸神是中国本土的神。据印度佛教教义，佛是人而不是神，但佛教传入中国后，与中国的传统文化融合而逐步中国化。自宋代开始，佛道两教逐渐打通。这种打通还包括了儒学（有的认为是儒教）的融入，在民间，孔子、观音、弥勒、玉皇大帝、东岳大帝、碧霞元君、吕祖等，都是信仰最广的神祇，所以明清时代的民间祀祠与道观佛寺似乎很难区别，许多民间杂神祠庙或以僧主持或以道主持，也反映了中国人的民间信仰的多彩。

说到这里，笔者想起曾参加过广西贺州瑶族三天三夜的

"还盘王愿"仪式,感受颇深。

"还盘王愿",瑶族又称为"做堂"、"搞愿"、"踏歌堂",举行仪式时要请四位师公,即还愿师、诏禾师、赏兵师、五谷师;四位艺人,即歌娘、歌师、长鼓艺人、唢呐艺人;六位童男童女和厨官厨娘。仪式一开始是请圣挑鬼上光约标,请各路外姓神鬼,即不是瑶族的神鬼到来,设宴招待,接着就祭五谷兵马,引禾归山,祈求丰收,所祭之神以道教神祇和农神雷神为主。在这个请神、请鬼的过程中师公要唱经书。

请神、请鬼和唱了《盘王大歌》后,是请瑶族的祖先神来"流乐"①。这时把道教方面的神像全部撤去,供上长鼓、瑶锦以及用红纸剪凿而成代表瑶族祖先的连州大庙、福江大庙、行乎大庙、福灵大庙的神庙凿花,其中福江大庙供奉的是盘王,连州大庙供奉的是唐王,行乎大庙供奉的是十二游师,福灵大庙供奉的是五婆圣帝。长鼓艺人表演长鼓舞,歌师歌娘出来围歌堂,童女作新娘装扮以娱盘王。接着就摆下洪沙

---

① "流乐",即瑶语,意"玩乐"的意思。

大筵,众师公和还愿的家主一齐坐台,诵唱《盘王大歌》。最后众人一齐送盘王归去,还愿活动即告结束。[①]

三天三夜不停地举行着仪式(据说最长的还盘王愿要举行七天七夜),人们虔诚而热情,丰富多彩自不在话下。

凡此种种文化表达,也就自然而然地构成了中国民间信仰多彩的特征。如有福神的福星高照,福运绵长;禄神的加官进禄,富贵荣华;有寿星的寿山福海,星辉南极;有伏魔大帝义炳乾坤,万世人极;有保生大帝慈悲济世,救死扶伤;有媒神的红线拴住脚,千里结姻缘;甚至有驱邪神的大公在此,百无禁忌;有镇鬼神的铁面魁髯,威镇鬼魅;有厕神紫姑的占卜众事,预知祸福,等等,这些都显得人的精神世界像个"万花筒"的花花大世界。

四

多元、多样、多彩的中国民间信仰,本是普通老百姓日常

---

① 刘小春:《瑶族"还盘王愿"与〈盘王大歌〉浅探》,载广西瑶学会编:《瑶学研究》第二辑,广西民族出版社1992年版,第203—205页。

生活的一部分，其中虽有糟粕，但不可全概以"封建迷信"。其中的精华更亟待保护。

冲击首先来自韩国。2005 年 11 月 24 日联合国教科文组织第三批宣布无形遗产名单时，由韩国申报的江陵端午祭被联合国教科文组织正式确定为"人类传说及无形遗产著作"。一石激起千层浪。围绕着端午节申遗之争，从 2005 年 11 月底开始，在中国学术界和民间都产生了极大的反响。有人冷眼看韩国端午节申遗成功。中韩两国在端午节申遗上各显神通，但是最后，中国落败。起源于我国，并且一直延续的一个传统节日，却被另一个国家申遗成功，这是一个发人深省的问题。

端午节起源于我国，这是不争的事实，韩国也承认这一庆典起源是来自中国的传统文化。除我国汉族外，还有满、蒙古、藏、苗、彝、畲、锡伯、朝鲜等约 28 个少数民族都会庆祝这个节日。不仅如此，端午节还很早地传入了日本、韩国、朝鲜、越南等国家，这些国家至今还在欢度端午佳节。由韩国申报的江陵端午祭，就源于中国远古的祭龙日，它的远古文化蕴涵是用龙的威慑力驱除所有的灾疫邪祟。

韩国的江陵端午祭本身是一种祭祀活动,主要是祭祀地方的保护神和英雄等,还有一些群众性的娱乐活动。它原名"江陵祭",已有一千多年的历史。直到1926年,因为其时间是从每年的农历四月十五持续到五月初七,与中国的端午节相近,才更名"江陵端午祭"。值得一提的是,在韩国申遗时,首先承认这一庆典起源是来自中国的传统文化,就是端午的时间框架的选择。但是实际上,韩国江陵端午祭是由舞蹈、萨满祭祀、民间艺术展示等内容构成,与我国端午节包含了吃粽子、赛龙舟、纪念屈原等一系列中国传统文化的内容并不相同。

虽然如此,因为端午节起源于中国,如果从端午节起源来看,中国的端午节最应该被批准为"人类传说及无形遗产著作"。所以韩国的申遗成功多少有点出乎意料,对于中国人民来说,多少有些失落。但是,因为人类口头遗产和非物质遗产代表作需要具备唯一性、完整性和真实性这三个特点,其他国家的端午节不满足前两个条件,而韩国的申遗成功凭借的就是自己的保护与重视程度,从这点来看,中国是不能比的。

韩国申遗成功的冲击,引起了中国对非物质文化遗产保护的强烈反思,其中重要的一点是非物质遗产在中国破坏大于保护。特别可怕的是长期反对封建迷信的大棒早已把中国民间极为丰富多彩的信仰文化摧毁了。

其实,中国的民间信仰伴随着历代民众的艰苦岁月,十分缓慢地度过了千万年时光。从远古史前时期的遗址祭坛和残缺的众神偶像上,发掘出中国史前文化史上原始信仰的珍贵形象,又从现存的中国五十六个民族数亿万言的口碑文化史中,也已经读到了浩瀚的植根于乡土文化的准宗教实录和鲜活生动的篇章。民间信仰,在中国文化史上,不容讳言,确实有它极其厚重的分量①。因此,对民间信仰的研究具有重要的学术价值和现实意义。

从学术价值上来说,正如历史人类学家郑振满和陈春声在《民间信仰与社会空间》导言中所说:

民间宗教研究在中国社会文化史研究中的价

---

① 乌丙安:《中国民间信仰·绪言》,上海人民出版社1965年版,第1页。

值,不仅仅在于我们可以把宗教研究作为一种认识手段,更深刻地理解蕴含于仪式行为和周期性节日活动背后关于宇宙、时间、生命和超自然力量等问题的观念,从而有可能用"理性"的方法,认识潜伏于普通百姓日常行为之下的有关"世界观"的看法;也不仅仅这样的研究可能有助于弥补在都市中接受现代教育而成长的一代研究者的知识缺陷,增长他们的见闻,开阔他们的视野,并为其学术生活添加一些有启发性的素材、灵感或有趣的饭后谈资。吸引众多的研究者去关注民间信仰行为的更重要的动机,对于这种研究在揭示中国社会的内在秩序和运行"法则"方面,具有独特的价值和意义。①

从现实意义而言,当下正热火朝天进行着的非物质文化遗产保护,主要指与有形的、物质的文化遗产相对应的那部

① 郑振满,陈春声主编:《民间信仰与社会空间》,福建人民出版社 2003 年版,第 1 页。

分文化遗产,包括传统口头文化和行为文化。而民间信仰是在广大民众中自发产生并自然传播的神灵与神物崇拜,它寄托着广大民众对平安、幸福生活的祈求、期望和追求,并以口头或行为的形式广泛地存在于各种民俗事象之中,不仅是非物质文化遗产的重要组成部分,而且是诸多非物质文化事象形成的生命之源和赖以生存的土壤[1]。所以,我们再也不能干消灭民间信仰的傻事了。陈桥驿先生曾说过:"历史上也有极少数绝顶聪明的人,他们洞悉这类崇拜和信仰其实都是子虚,但他们并不出头公开反对,因为他们同时明白,人类的这种崇拜和信仰,既是难以改变的,却是可以利用的。孔子就是其中的代表,他说'敬鬼神而远之',实在就表达了自己不信鬼神存在的观点。""当然,由于祀神祭鬼的事由来已久,他深知此事不仅不可抗拒,而且值得因势利导。"[2]

---

[1]　向柏松:《民间信仰与非物质文化遗产保护》,载《中南民族大学学报》,2006 年第 5 期。

[2]　陈桥驿:《万物之灵——中国崇拜文化考源·序》,载吕洪年:《万物之灵——中国崇拜文化考源》,广西民族出版社 1996 年版。

　　陈桥驿先生的一些观点,对当下中国的非物质文化保护有重要的启示:一是人类永远会有不可认识、无法解释的问题,从而会陷于"愚昧";二是有"愚昧"就永远会有崇拜和信仰;三是有崇拜和信仰,人类就会不断地创造出各式各样的神、仙、鬼、怪;四是民间信仰是草根文化,是地方性知识;五是对这种草根文化既要尊重敬畏,又要分清良莠。所以,当下明确民间信仰的内涵、价值、意义,以及未来走向,对保护非物质文化有着特定的现实意义。

五

　　兜着圈子讲了这么多,现在笔者才奔主题,讲讲徐华龙先生主编的"民间信仰口袋书系列"。

　　2014年4月,笔者在上海交通大学人文学院进行学术交流时,华龙君来访,谈到了他主编的这套书。这套书第一辑共有:《鬼》、《神》、《仙》、《妖》、《怪》、《精》。这是一个庞大而系统的中国民间信仰学术工程,笔者听后十分赞赏。

　　交流之中,华龙君想让笔者为这套口袋书写一个总序。

想到半个多世纪来"封建迷信"对中国民间信仰的涤荡,看到当下非物质文化保护的需要,笔者欣然接受了邀请。

为了写这篇总序,适才兜着圈子讲了中国民间信仰多元、多样和多彩的特点,讲了中国民间信仰的学术内涵、价值、意义,以及未来走向,目的是为了让读者认识和了解这套口袋书的价值和意义,此其一。

其二,近几年来,有关中国民间信仰的书也出了不少,主要有乌丙安的《中国民间信仰》(上海人民出版社 1995),吕洪年的《万物之灵——中国崇拜文化考源》(广西民族出版社 1996),张广智、高有鹏的《民间百神》(海燕出版社 1997),殷伟的《中国民间俗神》(云南人民出版社 2003)等。

乌丙安的《中国民间信仰》将中国的民间信仰崇拜形式归纳为对自然物、自然力的崇拜;对幻想物的崇拜;对附会以超自然力的人物的崇拜;对幻想的超自然力的崇拜四大类。这种分类概括性强,学术性也强,对学术界有用,但通俗性不够。

张广智、高有鹏的《民间百神》将民间百神分灶神、门神、家神、土地、路神、财神、火神、水神、龙神、福禄寿三星、送子神、城隍、玉皇大帝、风、雨、雷、电、日神、月神、星君、石头神、疫神、花神、草神、鸟神、虫神、树神、兽神、行业神等二十余种,因囿于中原地区,仅具有地方特点,且缺乏概括性。

吕洪年的《万物之灵——中国崇拜文化考源》将民间信仰分为自然崇拜、动物崇拜、植物崇拜、图腾崇拜、器物崇拜、躯体及脏器崇拜、生殖崇拜、数字崇拜、色彩崇拜九大类,且从考源视角切入,具有很高的学术价值,但通俗性也不够。

殷伟的《中国民间俗神》将中国民间俗神分为吉祥神、佑护神、居家神、出行神、婚育神、文化神、动物神、植物神、自然神、行业神十类。这种分类古今相混,传统与现代纠结,缺乏原生意义。

相比之下,华龙君的"民间信仰口袋书系列"分类细、定位准、结构严、资料丰,可谓集中国民间信仰研究之大成。

其三,华龙君的这套口袋书,诸位作者中,有教授,也有博士;有老民俗学者,也有年轻的民俗学者,可谓近年中国民间信仰研究者的一次集中亮相和检阅,反映了中国民间信仰研究队伍的壮大和发展。

其四,华龙君的这套口袋书,对中国民间信仰的重构,可以提供一个资料库,提供一个样本,提供一个指导。这可能是当下非物质文化工作最需要的。

其五,华龙君的这套书定位为"口袋书",顾名思义就是小巧,携带方便,价格平实,人们不用咬着牙、省吃俭用才买得起。

为了中国民间信仰的保护和发展,提起了笔,就刹不住"车"了,是以为序。

徐杰舜

2014 年 6 月

目　录

第一篇　且来说神

　　"神"是什么？从现在流行的各种权威词典解释来看，"神"是"宗教及神话中所指的主宰物质世界的、超自然的具有人格和意识的存在"①。或者说"具有人格意志不受自然规律支配、神通广大、变化莫测、长存不灭的超自然体"。这样的解释是抽象而概括的，然而在中国传统文化民间神灵崇拜的场景之下，"神"又是具体的与世俗的，我国古代典籍中的"神"，大体上表达了以下四重含义：

　　其一，天神或神灵。如《周礼·春官·大司乐》："以祀天神。"其注曰："谓五帝及日月星辰也。"

　　其二，人死后的魂灵。如屈原的《楚辞·九歌·国殇》："身既死兮神以灵，子魂魄兮为鬼雄。"

　　其三，人的意识和精神。荀子《天论》："天职既立，天功既成，形具而神生。"这里的"神"指的是与人的形体相对而言的精神作用。

　　其四，万物的奥妙和变化的原理。《易·系辞上》："阴阳

---

① 夏征农主编：《辞海》(1999 年版缩印本)，上海辞书出版社。

不测之谓神。"其注曰："神也者，变化之极，妙万物为言。不可以形迹者也。"说明这里的神是泛灵性的，而不是与人同形的。

从以上对中国早期古典文献的梳理可以推知，神灵观念早在上古社会就已存在，显现了远古先民认识自然万物奥妙、探究自身而发挥出的巨大智力成果，但在中国文明发展的早期阶段，神的含义多种多样，并未形成统一的认识。如《礼记》以天之最尊者为神，又以鬼之至灵者为神；而《左传》则以神为聪明正直而一者，《荀子》中的描述又偏重于精神，但若我们仔细回顾人类文明从萌芽到发展的全过程，或能窥见神灵观念从无到有及其发生、发展之初步样貌。

万物有灵

灵魂观念与万物有灵观念是神灵崇拜产生之精神支撑，但这两种观念也不是人类与生俱来的。几百万年以前，当人类从类人猿进化而来之时，尚处于人类社会的最早期，即蒙昧时代低级阶段。由于社会生产力水平极端低下,再加上人类刚从动物界脱离出来不久,思维能力也十分有限,还不能拥有寻求自己和自然界之间的关系以及各种自然现象之间联系的意识水平与能力,对生老病死也是困惑不解,因此尚未形成灵魂观念。故《孟子·滕文公上》曰:"上世尝有不葬其亲者,其亲死,则举而委之于壑。"这种弃尸于野的做法,乃是人类早期处理同类尸体最基本之行为方式。但是,这一时期原始人的模糊观念可能已经有了划分生与死的界线。至旧石器时代中晚期,原始人类进化到一定阶段,才有了初步的灵魂观念。按照英国著名人类学家爱德华·泰勒的观念,原始人是从两种生理现象的观察中获得了一种与身体完全不同的灵魂观念与意识:

　　显然,处于低级文化阶段上的能独立思考的人,尤其关心两类生物学的问题。他们力求了解,第一,是什么构成生和死的肉体之间的差别,是什么引起清醒、梦、失神、疾病和死亡?第二,出现在梦幻中的人的形象究竟是怎么回事?看到这两类现象，古代的蒙昧人——哲学家们大概首先就自己做出了显而易见的推论，每个人都有生命，也有幽灵。显然，两者同身体有密切联系：生命给予它以感觉、思想和活动的能力，而幽灵则构成了它的形象，或者第二个"我"。由此看来，两者跟肉体是可以离开的；生命可以离开它出走而使它失去感觉或死亡，幽灵则向人表明远离肉体。[①]

梦境有可能是原始人灵魂观念之最初来源与基础。原始先民曾认为，人在睡着时灵魂会离开肉体四处漫游，所谓梦境，就是灵魂遨游时的所见所闻。灵魂观念是由梦引发的，但梦还不是唯一使他们相信灵魂观念的思想来源。除梦以外，影子也是原始先民灵魂观念的重要思想来源。另外，他们对昏迷、濒死体验和死亡的思考也构成了灵魂观念的重要思想支撑，尤其是对于死亡的体认和行为正式显露出灵魂

[①]［英］爱德华·泰勒：《原始文化》，连树声译，广西师范大学出版社 2005年版，第416页。

观念的生成。考察中国旧石器时代中晚期中智人墓地中对于尸体的处理情况,可以为我们深入理解这一问题提供更加直观的事实支撑。在1933年发掘的北京周口店山顶洞遗址中,考古学家发现了迄今为止我国最早的墓葬,在处于洞穴下部的下室位置,发现了一些尸骨遗迹,其周围撒有赤铁矿粉末,身上佩戴有用兽牙、蚌壳和鱼骨做的骨坠、钻孔兽齿、石珠等装饰品以及燧石石器等物。从民族学的资料推断,原始人认为血是生命的来源和灵魂的寄身之所,在尸骨之上或身旁撒赤铁矿粉,取其红色象征鲜血之意;将死者生前使用过的装饰品随葬,是为了让他们在另一个世界过上人间一般的生活。以上两种行为充分说明了至迟到旧石器时代晚期的远古人类已经有了关于死后生活的观念,从古猿人阶段的对死者尸体的随意抛弃到旧石器晚期智人对同伴的有意识埋葬,意味着对死者的态度由原来的无所谓转变为重视,这种转变意味着灵魂不灭观念的产生。人们认为死者在灵魂世界中仍然生存,且其灵魂具有更大能力,能对活着的人产生影响,于是乎给死者提供"住处"(墓穴)和生产、生活所需之用品,同时在埋葬时举行一定的仪式,这些丧葬行为的出现意味着灵魂观念的萌生,这也是人类思维历史上跨出的一大步。

以灵魂说来解释死的问题,遂有鬼神之说。《礼记·祭义》中有一段孔子向宰予解释鬼神的话:

> 众生必死,死必归土,此之谓鬼。骨肉毙于下,阴为野土。其气发扬于上,为昭明,焄蒿凄怆,此百物之精也,神之著也。

古人认为死后肉体会成为鬼,而精神成为神。鬼者,归也,也就是归土之意,鬼神观念的产生显然与灵魂观念萌生后人类葬俗的开始有关。

灵魂不灭观念是人类社会产生较早的一种思维方式,推己及物,万物有灵观念随之也就产生了。万物有灵(Animism)一词源于拉丁文 animi,原意指一切存在物和自然现象中的神秘属性,即神灵。按照人类学的推断,灵魂观念产生以后,原始人最初仅仅应用到人类自身的灵魂上,随后就发生了人死后灵魂继续存在以及转世托生的信仰观念。

自然崇拜

由于原始人群将自己的存在看成是其他一切的存在基准，便以己推他物，认为其他事物拥有与人类一样的属性和性质，即进一步推论出其他的动植物和一切事物也同自己一样兼具形体与灵魂之双重拥有。随着新石器时代的到来和农业生产方式的出现，先民思维又有了进一步的发展，于是他们又把与自身生存、生活关系密切的自然物体都附加了"精灵"的性质，从而产生了最初的对于诸自然物的崇拜，其对象主要为日月星辰、风雨雷电及山川河海等自然伟力之代表，但这种顶礼膜拜基本上都可划归为天地崇拜的范畴。在敬畏与实用相混合的心理支配下，古人对各种自然现象和自然力进行了人格化的加工改造，把自身的情感意识糅进各种自然现象中，创造出许许多多的自然神，由此"神"的意义正式诞生了。这一过程演变从对中国早期文字史料的梳理中或现端倪：在最早的古文字甲骨文中，并无直接的"神"字，却有一字"申"，在前期甲骨文中多作ϟ，后期多作Ɛ，为闪电之象形，《说文·虫部》有介绍："籀文虹，从申。申，电也。"后来字形历经多种讹变，初形消失，但逐渐有了"神"这一引申含义，《说文》中载"申，神也"，明确将二字联系在一起。本是"闪电"意义的"申"，为什么有了"神"这一意义呢？它们的关系隐含了远古时期"神"之观念来源于自然崇拜的历史事实。原始人类依赖大自然，时刻感受到它的伟力，或享其恩赐，或受其磨难，便对这些直接关系到自己生存的自然物和自然力极力神化、尊崇礼拜，故《国语·鲁语》中有"社稷山川之神，皆有功烈于民者也；及前哲令德之人，所以为明质也；及天之三辰，民所以瞻仰也；及地之五行，所以生殖也；及九州名山川泽，所以出财用也。非是，不在祀典"之说，印证了自然崇拜为中国神灵崇拜之最初形式之推想，也说明了中国文化中最早的"神"之观念应该是早期先民由于自身的生存、生产及繁衍，在与自然进行互动过程中逐渐形成的崇拜观念。

　　自然崇拜是一个比较宽泛的概念，它包括了天体、自然力和自然物等几个方面，如日月星辰、山川木石、鸟兽鱼虫、风雨雷电等,是人类依赖于自然的一种表现。动植物崇拜当然也属于自然崇拜中关键之一环。关于把动物崇拜为神的心理因素,英国人类学家马林诺夫斯基有一段精彩的论述:"动物有与人相近的地方(会动,会发声音,有感情,有身体与面孔),动物较人有占优势的地方(鸟能飞,鱼能游,爬虫能蜕皮,能变换生命,且能避居地内),同时再加上动物是人与自然界底中间系结,既常在体力、机警、诡诈等方面超越于人,又是人的必要食品——凡此种种,都使动物在野蛮人底世界观里占到特等的地位。"[①]对于植物的崇拜,在各原始民族中也十分普遍。总的来说,人类在原始社会时期特别是远古时代,由于自身力量之孱弱和对自然之畏惧,形成了最初的自然崇拜,这就是"神"之最初来源与意义。

从"神"的字源来看,其本意是源于风雨雷电等自然崇拜,即所谓《论衡·祭意》云:"群神者,谓风伯、雨师、雷公之

[①] [英]马林诺夫斯基:《巫术、科学、宗教与神话》,李安宅译,中国民间文艺出版社 1986 年版,第 27 页。

属。风以摇之,雨以润之。雷以动之,四时生成,寒暑变化,日月星辰,人所瞻仰。"此为"神"字之字源本意,因外界自然物与自然力的变化莫测,在原始人的头脑中引起一系列的畏惧和猜测,故敬畏之情油然而生,认为世间万物皆有某种主宰,从而对之加以崇拜产生神。神既是万物的主宰者,又是万物的创造者,故《说文》释曰:"神,天神,引出万物者也。"

原始社会解体后,神鬼人三者逐渐从混沌的神话体系中分化开来,伴随着幼稚的哲学观念的进步,形成"天"、"地"、"人"三个活动空间的主宰。即便如此,但是三者的联系,以"天"即天帝为主的神灵仍是三界的主宰。《春秋繁露·郊义》言:"天者,百神之君,王者之最尊者也。"这里的"百神",不单指上界诸神,它仍包括阴间诸鬼及人间万物,其情形与希腊神话中宙斯为"众神之父"极为相似①。从这个意义上来说,"神"又从其最初的字源意义即自然崇拜之扩大到了一

---

① 周明:《神、鬼、人——三位一体的神话结构》,载《社会科学研究》,1989年第2期。

切具有超能力的事物,即"天神、地祇、人鬼"都是值得崇拜祭祀的神灵物质。尤其是对人鬼的崇拜,它是伴随着原始农业的发展而产生的,其最初形式是祖先崇拜,在原始后期部落越来越强盛的背景下,在国家和阶级产生之初,祖先崇拜已经不仅仅是一种对本部族祖先超级神力的膜拜,更重要的是通过这一种膜拜方式彰显本族精神以及将本民族历史神话化的政治需要。因此,夏商周三代的祖先崇拜仪式体现出高度的等级化特征,基于辈分把祖先的地位和神权分为依次递减的等级,活着的人只能祭祀那些与其自身地位与等级相应的祖先。王室和贵族有权建立祖庙以祭祀其远祖并将他们作为神灵,普通人则只能在家中祭祀他们的父祖近亲 ①。很显然,通过将自己的祖先纳入神灵体系,最初的统治者们用神话完成了自身及其利益群体的合理化过程,进而"人鬼"也被纳入可以称为"神"的神灵体系。这是先秦时期的情况,从

---

① [澳] 刘莉:《中国祖先崇拜的起源和种族神话》,星灿译,载《南方文物》,2006 年第 3 期。

春秋战国开始,虽然"天神地祇人鬼"的概念、分类和语言所指从严格的语言学意义上来说逐渐清晰,但是在普通民众心中,凡是拥有超自然力量者,都能称之为"神",且在历史的发展过程中,由于文化和思想的需要,在不同时代又逐渐加入很多新的神灵元素,充实着中国民众之精神世界。

神遍大地

从东周开始,人们对于神的认识已经开始产生变化,其中一个最大的特点就是神、鬼、精、灵、怪不分,这从记录当时典章制度的书籍《礼记》中的一句话即可见端倪。《礼记·祭法》曰:

> 燔柴于泰坛,祭天也。瘗埋于泰折,祭地也。用骍犊。埋少牢于泰昭,祭时也;相近于坎坛,祭寒暑也;王宫,祭日也;夜明,祭月也;幽宗,祭星也;雩宗,祭水旱也;四坎坛,祭四方也。山林川谷丘陵能出云、为风雨、见怪物,皆曰神,有天下者祭百神。诸侯在其地则祭之,亡其地则不祭。

其中"山林川谷丘陵能出云、为风雨、见怪物,皆曰神"一方面显示了东周时期人对"神"的观念仍有承袭原始自然崇拜之遗绪,另一方面又揭示出在当时的社会变革下,新的超自然力量加入到"神"队伍之嬗变滥觞。同时,从这句话还能解读出来这些新加入"神"之队伍的超自然力量,其成分亦是非常复杂,鬼神精怪无一不包,而人们见了这些"拥有某种特异力量"的物体,一般来说都不加辨别地称之为"神",这一社会心理背景是前述"祭百神"的最好说明。

大抵在先秦后期文献中,鬼神并称已为常事。《韩非子》中有一段文字:"以道莅天下,其鬼不神。治世之民,不与鬼神相害也。故曰,非其鬼不神也,其神不伤人也。鬼祟(也)疾人,之谓鬼伤人,人逐除之,之谓人伤鬼也。"由此可以看出,"神"字可以作为形容"鬼"的性质之用,而"非其鬼不神也,其神不伤人也"则又显示"鬼"与"神"的观念可以互换。

有的时候,文献中所谓的"神"其实应该皆为"鬼怪",如《周礼》中记载应付"水虫之神"的方法:"壶涿氏掌除水虫,以炮土之鼓驱之,以焚石投之。若欲杀其神,则以牡橭午贯象齿而沉之,则其神死,渊为陵。"从此处对于"水虫之神"的态度和处理方法来看,此"神"显然是一种恶鬼或鬼怪之类的物体。

因此,从当时人称为"神"的各种物体来看,其意义相当广泛,这一时期的"神",已经开始超越西周及其之前纯粹自然崇拜的超经验感知,走向了"拥有某种特异之力量"的借代表达。蒲慕州先生在研究《山海经》时发现,书中记载了许多神灵、怪兽,其中被称为"神"者,形象的基本特征就是混合形,混合的方式是将人或各种鸟兽的形象以不同的方式组合,于是就有了"鸟身而龙首"、"龙身而鸟首"、"龙身而人面"、"人面而马身"、"人面而牛身"、"虎身而九尾,人面而虎爪"、"羊身人面"、"状如人而二首"等的状貌描述。蒲先生认为这些"神"的形象之所以如此,"与其说是由于人们具有丰富的想象力,不如毋宁应说是人们在缺乏更为令人惊怪的想象力之后,以一种机械化的方式建构出来的"[1]。笔者亦认

---

[1] 蒲慕州:《追寻一己之福:中国古代的信仰世界》,上海古籍出版社2007年版,第90页。

为《山海经》中的这些"神"其实质与《礼记》中所说的"山林川谷丘陵能出云、为风雨、见怪物"的"神"确实有差异,《礼记》中的"神"之本体还是自然的"山林川谷丘陵",而《山海经》的"神"似乎是《礼记》中的"怪物"了。

秦汉时期,还有一支新的队伍加入到可称为"神"而被民众祭祀的行列里来,即某些人生前受民众立"生祠"祭祀或者死后变为"鬼"而被祠祀,这是中国传统民间宗教中非常常见的现象——为个人立祠,其背后之心态则是对某些人生前或者死后所具有的"神力"的崇拜和信仰。这些神力可能来自不同的源头:有些是可以为民表率的个人的道德力量,有些是他们的社会、政治地位以及一些可纪念的有益于民的作为,有些则是由于他们的法术,又有一些似乎只是由于某种不寻常的事件①。当然,以人为祭祀对象的做法在先秦祭祀规定里早已出现,《礼记注疏》解释了官方祠祀之所以成立的

① 蒲慕州:《追寻一己之福:中国古代的信仰世界》,上海古籍出版社 2007年版,第 155 页。

理由："夫圣王之制祭祀也,法施于民则祀之,以死勤事则祀之,以劳定国则祀之,能御大灾则祀之,能捍大患则祀之……及夫日月星辰,民所瞻仰也,山林川谷丘陵,民所取财用也,非此族也,不在祀典。"从这一段话可以清楚地看到,这些被祭祀的人有可能在国家体系中只是被祭祀而已,并没有成为"神",官方所强调的是政治性的功业,有可能并未将他们作为"神"来崇敬,即并未关注到其所具有的"神力"。在秦汉时期,更多的情况是只要对一地民众有益或者当地民生有关联的"人物"被纳入地方层面上的祭祀,甚至成为民间信仰中的"神",这样的例子在当时屡见不鲜。因此除了传统自然崇拜意义上的神灵以外,又出现了许多新造的神灵,如刘邦等帝王,以循吏为代表的当代圣贤神,以栾布、刘章(城阳景王)等为代表的忠良之士,以鲍君神和石贤士神为代表的子虚乌有之神以及被地方民众推出的出自本地的普通神灵等。以城阳景王的事例作为典型,被东部几个州郡广泛祭祀的刘章也在历史文献和个人著作记载中频频出现,说明其地祭祀此人之盛。更有甚者,《后汉书·刘玄刘盆子传》记载西汉末年赤眉军"军中常有齐巫鼓舞祠城阳景王,以求福助",说明一部分民众对于城阳景王刘章的祭祀已不仅仅是单纯意义上的纪念英雄人物,他已经被视为有"可以福助"某些活动的"神"了。到了魏晋南北朝时期,"神"之范围不断扩大。无论是帝王贵族还是凡夫百姓,只要机缘适合,皆有成为神的可能,因此成神标准之降低可谓此时期一大变数。这是因为这一时期乃中国历史上有名之"乱世",战争频仍,人民困苦,民众需要更多的各式各样的神灵作为自己心灵、精神之寄托与慰藉。从这一时期"神"之来源来看,不但有秦汉以来一直在民众信仰中遗留的上古自然神灵,还有前代和当朝的著名人物而逐渐化成的英雄神祇,更有普通人物因特殊事件成神而被人膜拜,本土宗教与外来宗教的进一步发展、演化等都向生活在这一时代的民众提供了丰富的可供崇敬祭祀之膜拜对象和信仰之精神资源。

其中尤其值得注意的是一类新的群体加入到"神"之行列,即自东汉以来就已出现萌芽的普通人成神的情况越来越多,这些普通人或因生前死后有"神迹"显示,或仅仅因为是被侮辱或损害的普通妇女,又或是通过巫祝之口传递出死后成神之意,总之成神之来源林林总总,不可胜数。东汉末年谶纬之术在魏晋以后的继续流行与异化,再加上当时社会的政治及精神现状,或为魏晋南北朝时期神界扩大至普通平民之根本原因。如《三国志》卷四十七《吴书·吴主传》中的王表事迹就甚为奇特,其书载曰:

> 太元元年夏五月,立皇后潘氏,大赦,改年。初临海罗阳县有神,自称王表。周旋民间,语言饮食,与人无异,然不见其形。又有一婢,名纺绩。是月,遣中书郎李崇赍辅国将军罗阳王印绶迎表。表随崇俱出,与崇及所在郡守令长谈论,崇立第舍,数使近臣赍酒食往。表说水旱小事,往往有验。

王表是普通得再也不能普通的平民,只因有"神迹",便可登堂入室,成为"神",不得不令人诧异魏晋时人精神慰藉之极度渴求。虽然其事迹不免显现"荒谬"之感,但毕竟出自《三国志》这样的所谓"正史",其"神迹"之真实性虽使人生疑,不管是何人出于何种原因"造神",但起码"王表有神迹"是真实出现过的历史事实。然《异苑》《搜神记》等志怪小说中记载的"紫姑"、"丁姑"一类"被侮辱的和被损害的"妇女形象,她们仅仅因为其自身遭遇便能成神,更加体现出当时民众对自身命运的深刻怜悯与担忧。紫姑故事始见于《异苑》卷五,其后各代均加诸演变,唐宋后成为中国民间重要神祇,直到20世纪六七十年代在某些地区仍有存在。值得一提的是,命运与紫姑有些相似但在后世没有那么兴盛的"丁姑"、托名蒋子文之妹的"清溪小姑"等普通女子加入神祇行列的历史事实,或可窥见当时民众思想中女性意识的觉醒与流露。"丁姑"事迹与"紫姑"同,《搜神记》卷五《丁姑祠》载曰:

> 淮南全椒县有丁新妇者,本丹阳丁氏女。年十六,适全椒谢家。其姑严酷,使役有程,不如限者,仍便笞捶不可堪。九月九日,乃自经死。遂有灵响,闻于民间。发言于巫祝曰:"念人家妇女,作息不倦,使避九月九日,勿用作事。"见形,着缥衣,戴青盖,从一婢,至牛渚津,求渡。有两男子,共乘船

捕鱼,仍呼求载。两男子笑,共调弄之。言:"听我
为妇,当相渡也。"丁妪曰:"谓汝是佳人,而无所知。
汝是人,当使汝入泥死。是鬼,使汝入水。"便却入
草中。须臾,有一老翁乘船载苇。妪从索渡。翁
曰:"船上无装,岂可露渡?恐不中载耳。"妪言无
苦。翁因出苇半许,安处不着船中,径渡之至南岸。
临去,语翁曰:"吾是鬼神,非人也。自能得过,然宜
使民间粗相闻知。翁之厚意,出苇相渡,深有惭感,
当有以相谢者。若翁速还去,必有所见,亦当有所
得也。"翁曰:"恐燥湿不至,何敢蒙谢。"翁还西岸,
见两男子覆水中。进前数里,有鱼千数,跳跃水边,
风吹至岸上。翁遂弃苇,载鱼以归。于是丁妪遂还
丹阳。江南人皆呼为丁姑。九月九日,不用作事,
咸以为息日也。今所在祠之。①

　　在此之前,能成为"女神"的,都是如女娲、西王母那样有

---

① [晋]干宝:《搜神记》,汪绍楹校注,中华书局 1979 年版,第 61—62 页。

着显赫身份的神话人物,紫姑、丁姑们的"成神"为当时的神界平添了一份亲民与自然,也更渲染出当时民众心中哀伤、忧愁之心境与情绪。

唐宋以降,普通人成神之情形愈演愈烈,对此《变迁之神》作者韩森女士在其书中有这样一段精彩的表述,兹摘录如下,作为中古社会神祇信仰之一大变迁:

> 到 13 世纪末,区域性,甚至全国性的神祇与地方诸神相结合。12 世纪初,地方诸神体系基本上由实有其人的神祇组成,这些神祇或生前为本地人氏,或到过受奉祀的地区。许多后来成为神的人生活在数百年以前,曾出将入相,或君临天下。他们在农业方面有着神异的力量,应祈求下雨,阻止洪水,驱赶蝗虫,防止作物枯萎。在整个 12、13 世纪,离奇仕途的精英家族与未受商业影响的农夫,仍然崇祀着这些地方神祇。出身低微但仍属地方性的神祇也被纳入了诸神体系。那是一些因灾难死去或夭折的人。去世后,他们的坟头出现异象,或托

梦给信徒,告知他们自己的神力。宋廷在北方受异族的压力,又受赋税支绌的困扰,转而求助于神祇,颁布了越来越多的综合性敕令,承认地方性神祇的神异力量。以前各代曾将爵号赐封给少数几个神祇,以奖励他们的灵迹,但从 11 世纪开始,宋廷向神祇封赠了更多的爵号。官员们对地方神祇是否灵验进行努力识别,然后将许许多多荣誉头衔封给了平民出身的神祇。

信仰多元

与魏晋时期神仙观念充斥弥漫社会上下层相对应甚有关联者,乃是起自秦汉,在魏晋时期得以大力发展的中国本土宗教道教。神仙观念的发展和扩大,以及在民间的发酵,最终导致东汉末年宗教思想的复活,以太平道和五斗米道为标志的道教开始形成,入魏晋后开始兴盛。此后,道家的神仙观念开始发生分化,即士族道教和民间道教。天师道世家在魏晋之际形成,主要采取服食的方法以达长生,将道教形神兼修的生命理想寄托在社会生活之中。而普通大众由于生活条件的制约,无力消费服食所用的矿物质等原料,因此一般很少采取服食方法,反而更关心的是治病消灾、周穷救急和稳定的生产生活,所以巫术、符水等治病消灾的方法更受民众喜欢,是为民间道教的神仙观念。而道教为了适应更大范围的民间需求,也努力地吸收中国民间信仰中的神祇来为己所用,这其中对远古即有且在两汉时期得到大力发展的民间神祇西王母的吸收和改造,是魏晋南北朝道教利用民间神灵壮大自身的绝好案例。

两汉之后,有关西王母的传说渐渐丰富起来。在《汉武故事》中,最精彩的内容集中于西王母、汉武帝、东方朔之间,其中西王母七月七日会汉武的故事,为其后道教神话之发端,其书曰:

> 王母遣使谓帝曰:"七月七日我当暂来。"帝至日,埽宫内,然九华灯。七月七日,上于承华殿斋,日正中,忽见有青鸟从西方来集殿前。上问东方

朔，朔对曰："西王母暮必降尊像上宜洒扫以待之。"
上乃施帷帐，烧兜末香，香，兜渠国所献也，香如大
豆，涂宫门，闻数百里；关中尝大疫，死者相系，烧此
香，死者止。是夜漏七刻，空中无云，隐如雷声，竟
天紫色。有顷，王母至：乘紫车，玉女夹驭，载七胜
履玄琼凤文之，青气如云，有二青鸟如乌，夹侍母
旁。下车，上迎拜，延母坐，请不死之药。母曰："太
上之药，有中华紫蜜，云山朱蜜，玉液金浆；其次药，
有五云之浆，风实云子，玄霜绛雪，上握兰园之金
精，下摘园丘之紫奈。帝滞情不遣，欲心尚多，不死
之药，未可致也。"

《汉武故事》旧题东汉班固所作，但也有说是西汉成帝、
建安文人、西晋葛洪、六朝王俭等所作，众说纷纭，不一而足。
但可以肯定的是，该书以汉武帝为中心，同时汇集了与其他
西汉帝王大臣有关的遗闻编纂而成，书中材料时代不一，既
有西汉人的传闻之辞，又有东汉人的武帝传说，也有西晋时
期的神话，总之经过了不少人的添加与增施，其实可能是长

时段多人创作之产物。① 因此在两汉以后,西王母信仰逐渐在原来民间信仰之基础上,更为道教所吸收,成为一类具有人为宗教倾向的神祇信仰。至两晋时,以《汉武故事》为蓝本的西王母与汉武帝相会的故事又出现在张华的《博物志》及《汉武帝内传》中,这两本书具有道教色彩。说明西王母故事发展到晋朝,已完全被道教吸收,而其主要原因就是西王母所具有的"长生"神力尤为契合东汉末年以来民众之生活与心理需求。

与"西王母"这一魏晋时期具有广泛信众的民间信仰可相比拟的是,佛教在中国化过程中提供给中国民众精神寄托的观世音信仰,这一信仰的出现也与当时的社会背景紧密呼应。首当其冲是当时战乱频仍的社会背景,民众生活陷入极度的困苦与惶恐之中,而在中国本土文化传统中,还没有一位关注平民百姓阶层并专门解决现实生活苦难的神

① 王青:《魏晋时期的西王母传说以及产生背景》,载《南京师范大学学报（社会科学版）》,1997 年第 3 期。

灵。虽然在东汉时期,西王母曾经承担过这一角色,但终究未被广泛认同,在魏晋南北朝时期依旧回归到"长生"这一信仰功能上来。同时,《观世音经》与当时社会流行的儒家"孝道"思想冲突较少,有些人甚至将其与《孝经》等同,这使得观音信仰易为中国民众所接受。另外,《法华经》修行简易,呼观音名号即可得解脱,经书内容通俗易懂,加之僧人的广泛宣传,观音信仰在魏晋南北朝的中国社会迅速流行起来。

救苦救难的观世音菩萨进入中国以后,很快受到僧侣阶层以及民众阶层的广泛认同,尤其是民众阶层。观世音菩萨救苦救难之神力可以满足中国民众渴望解决现实生活苦难的愿望,这也让挣扎在乱世中的人们找到了一个很好的精神避难所。在这一时期,经书、应验故事、大量的造像成为观世音信仰传播之重要表现。观世音信仰在中国民众中的普及显示出外来的印度佛教在中国化过程中所做出的努力及其成果,亦成为佛教积极入世之最为典型者,并为宗教与中国民间信仰之互动为中国神灵崇拜提供了更多的适宜素材。

前面的论述说明,战国以来"神"界之扩大是不争之事实,然而也许是泛而不精,可供信仰的对象相应增多,因此神的地位反倒开始降低,这一方面表现在信仰对象等级性限制的减弱,另一方面则呈现为"神"世俗化特征的加强。

在三代贵族政治和宗法制度下,祭祀对象是有着较为严格的规定的,不是什么人都能随便祭祀某些神的。如《礼记·祭法》所言:

> 王为群姓立七祀,曰司命,曰中霤,曰国门,曰国行,曰泰厉,曰户,曰灶。王自为立七祀。诸侯为国立五祀,曰司命,曰中霤,曰国门,曰国行,曰公厉。诸侯自为立五祀。大夫立三祀,曰族厉,曰门,曰行。适士立二祀,曰门,曰行。庶士庶人立一祀,或立户,或立灶。

应劭的《风俗通义·祀典》中也有这样一段话:

> 《礼》:"天子祭天地山川,岁遍。"《春秋》、《国

语》:"凡禘郊宗祖报,此五者,国之典礼;加之以社稷
山川之神,皆有功烈于民也;及前哲令德之人,所以
为质者也;及天之三辰,所昭仰也;地之五行,所生殖
也;九州名山川泽,所出财用也;非是族也,不在祀
典。"礼矣。《论语》:"非其鬼而祭之,谄也。"……是
以泰山不享季氏之旅。

以上所讨论的是先秦时期有关祭祀权的规定,也就是
说在三代,祭祀都要遵循"礼"。这种祭祀规则在春秋战国
时期开始被打破,有些"神"原本不登大雅之堂,但在东周以
来"淫祀"的背景下也登上了被祭祀的"神坛"。如《史记·
封禅书》中记载,秦作鄜畤只是因为"文公梦黄蛇自天属地,
其口止于鄜衍",史敦认为是"上帝之徵",故以三牲祠之,到
了秦德公时期规格竟然提高到以三百牢祭祀鄜畤。还有一
些祭祀方式也并没有遵循"礼"之规定,如《左传》记载僖公
十九年夏天,"宋公使邾文公用鄫子于次睢之社,欲以属东
夷"。"次睢之社"其实就是睢水之神,"此水次有妖神,东夷
皆社祭之,盖杀人而用祭",宋襄公想称霸,就让邾文公杀死

甑子来祭祀次睢之神,想因此使东夷来归附。这种行为遭到司马子鱼的鄙视:"古者六畜不相为用,小事不用大牲,而况敢用人乎? 祭祀以为人也。民,神之主也。用人,其谁飨之?"并斥责他为淫昏之鬼。昭公十一年,"楚子灭蔡,用隐太子于冈山",也被申无宇批评为"不祥"之祭。用人来祭祀神,一方面是不合祭礼规定,亦显露出当时祭祀神的"随心所欲"的状态,司马子鱼的"民,神之主也"也从侧面透露出这种思想。

走下神坛

中国古代神灵崇拜的基本特点之一,就是偶像崇拜与自然神的人格化,当然这一特点并非神灵崇拜一开始就有的,中国上古宗教反对偶像崇拜,因此自然诸神之形象都是比较抽象的,并无神像。但从战国时期开始,有些神灵竟然有了形象,且拥有了普通人一样的情感与生活需要。以前高高在上、不可捉摸的神已经逐渐走下神坛,走入民众的日常生活。以当时的河伯形象为例,《山海经》中,他为"人面,乘两龙",已经有了具体的样貌。《韩非子·内储说上》也提到河伯名叫冯夷,鱼身人面。甚至在一些文献里,河伯与凡人一样有喜怒哀乐等各种感情。《庄子·秋水篇》曾载百川灌河,而河伯欣欣然有喜色,而他发怒时也会湮没人民。河伯亦有家庭生活,至少在当时民众的心里是这么认为的。《楚辞·天问》以洛水之神"雒嫔"为河伯的对偶神,而众所周知的魏国邺地之巫为河伯娶妇的闹剧也正显示出,在魏人看来河伯也要与正常人一样过两性生活,享受家庭的温暖,故而要为其娶妻以满足其欲望,不然河伯就要降罪于世人。在此河伯与普通人已经无异,只是比一般人多了一些能掌管某些自然的"神力"而已。到了秦汉时期,一些神甚至可以被方术之士所驱使,如东海之神东海君如果犯错也要像人一样遭受拘禁等惩罚,从这个意义上来看,以前在上古时期颇受尊崇祭祀的自然神已经人格化、世俗化,这种情形在后世继续发展,魏晋南北朝时期的小说中,甚至有人死后被任命为雷神的故事①。

　　人们对待神灵的态度在发生变化,对神的敬畏之心变得十分淡薄,反而多了调侃,这正是自然神之人格化的进一步表现。深究其原因,一是与历史发展中人的自我意识的逐渐完善和提高有关,神不再是高高在上的超自然力量,而成为可以控制并为人服务的一种功能性"实体"。二是与统治阶级的一些政治行为有关,如唐宋以来自然神祇人格化趋势,就与唐代开始大封山川风雨后土等自然神以爵位的政治行为有很大关系。前述秦汉后一些自然神已经有了形象及实物性质的偶像崇拜和祭祀方式,是为自然神人格化之始,而给自然神真正地加封爵位却是唐代国家之独创。武周时期封赐洛水、嵩山之神爵位是中国历史上给山川神加封人间爵位之首例②,从此开启唐皇封爵山川河海之风,其实这种行

---

① [晋] 陶渊明:《搜神后记》,汪绍楹点校,中华书局 1981 年版,第 34 页。
② 《旧唐书》卷二四《礼仪志》四:"封其神为显圣侯,加特进,禁渔钓,祭享齐于四渎……又以嵩山与洛水接近,因改嵩山为神岳,授太师,使持节、神岳大都督、天中王,禁断刍牧。其天中王及显圣侯,并为置庙。"

为反映的亦是中央王朝集权制下皇权对于神界的支配地位。入宋以来这种倾向愈演愈烈,至北宋以后更为甚,五岳神甚至被称为"帝"。这种做法在明初受到朱元璋的批判打击,明太祖洪武三年(公元 1370 年)六月癸亥诏曰:

> 五岳五镇四海四渎之封,起自唐世,崇名美号,历代有加,在朕思之,则有不然。夫岳镇海渎皆高山广水,自天地开辟以至于今,英灵之气萃而为神,必皆受命于上帝,幽微莫测,岂国家封号之所加?渎礼不经,莫此为甚。至如忠臣烈士虽可加以封号,亦惟当时为宜。夫礼之所以明神人,正名分,不可以僭差。今宜依古定制,凡岳镇海渎并去其前代所封名号,止以山水本名称其神,郡县城隍神号一体改正。历代忠臣烈士亦依当时初封以为实号,后世溢美之称皆与革去。庶几神人之际名正言顺,于礼为当,用称朕以礼事神之意。

明太祖认为唐以来给岳渎加人爵的做法是"渎礼不经",

下诏禁止这一现象,但从唐初至明初将近七百年间,自然神的人格化早已完成,就像有些学者说的那样:"(到宋代)当人们祭拜山神水神的时候,都把它们拟人化了。同样,信徒们祭拜的是特定的山神水神,而不是像先前那样祭拜山水本身。若祭拜者不清楚神祇的身份,则常常对他(或她)以类相称:城隍、土地,或某庙之神。"①宋代尚且如此,到了明初应该就如我们推测的那样,自然神的人格化早已完成了。因此笔者认为朱元璋的诏令作用不大,况且他自己在之前一年,也就是洪武二年正月丙申朔(公元 1369 年 2 月 7 日)曾经下令"封京都及天下城隍神"。当时京都(南京应天府)、北京(开封府)、临濠府(今安徽当涂)、太平府(安徽和县)、滁州(安徽滁县)的城隍神分别被赐封以"王"的爵位,以下各城池的城隍亦有相应的品级和爵位。颇具讽刺意味的是,在此次改制(可称为"二年改制")仅仅过了一年半以后,就有了前述的"三年改制",即

① [美] 韩森:《变迁之神——南宋时期的民间信仰》,包伟民译,浙江人民出版社 1999 年版,第 32 页。

对岳镇海渎及各种城隍神的封号进行了改正，如此反复，其效果可想而知。日本学者滨岛敦俊认为："三年改制所依据的只是儒臣的观念，没有任何现实的社会基础。如果说二年新制是将民间信仰包摄到有序的体系中去的话，三年改制则是以国家权力强行剥夺民间的信仰。"[①]而许多史料表明："明代中期以后，城隍神恢复了神像（即人格神），并赋予其姓名、称号，往往由有司、缙绅塑造神像，并有主持庙宇的道士等。"[②]从城隍这一个案其实可以显现出，明清以后自然神的完全人格化趋势是在所难免的了。

综上所述，神灵范围之扩大、信仰之多元、自然神之人格化等中国古代神灵之变迁，若追溯其本质，皆与世俗中人之生活需要有关，为"世俗"中国神祇崇拜之最大要义。正因如此，中国人对神的观念从上古时期的虔诚尊敬到后来的任意驱使、任命，正体现了中国民间俗神信仰之实用性和功利性

---

① ［日］滨岛敦俊：《明清江南农村社会与民间信仰》，朱海滨译，厦门大学出版社 2008 年版，第 126 页。

② 邓嗣禹：《城隍考》，载燕京大学《史学年报》，1935 年第 2 期，第 249—276 页。

的特点。而各民族、各区域及地方社会,有时供奉共同之神灵,有时又有自己地方性的独特神灵存在,这正体现出中国神灵信仰的多元一体化格局。

　　基于中国民间神灵信仰的庞杂性、混合性及多元性的特点,将全部民间神灵都纳入研究和叙述范围是一项较为庞大和复杂的工程,因此本书尤重关注中国古代社会中由人变化而成的神,即俗称的"人物神"或"人神",这一类民间俗神信仰之实质是民俗学家乌丙安先生所说的"对附会以超自然力的人物崇拜",他指出在中国民间信仰中对赋予实有人物神性或半神性的信仰实体大致有四种:一是神人,二是仙人,三是圣人,四是巫师,其中自然并不排斥已被佛、道教列为大佛、大神的宗教崇拜对象在内。考虑到本丛书另外几本为《鬼》《仙》《妖》《怪》《精》,各有专书,因此本书将研究重点放在除了鬼、仙、妖、怪、精以外的具有超自然力的民间信仰神祇之上,即乌先生在《中国民间信仰》中所指称的"神人",他曾给神人崇拜下过一个定义:"这里所指的神人,是指民间神化了的历史人物、地方人物而言,这些人物不仅在民间传说中传诵其神异的功绩,而且还被民间供奉或祭祀,使其享受民间膜拜。"①本书出于行文与称呼习惯之考虑,仍称这一部分神祇为民间俗神。

① 乌丙安:《中国民间信仰》,上海人民出版社 1993 年版,第 181 页。

第二篇　追神溯源

缘起史载

◎ 官方形象

以本书研究的对象即中国民间俗神中的人物神来看,其中大部分都是来源于史传记载,即历史上确有其人,因此历代正史记载提供给了民间俗神的最初形象或官方形象。首先是正史,记载历史人物的生平事迹,为以后民间演绎到其神力提供了最初蓝本,以后的小说野史或者民间口传故事则多采正史记载之蛛丝马迹,为历史人物之神力造势,在逐渐的演绎和传播中完成造神的宣传过程。

另外,因为某种需要,正史中亦会记载一些神异现象,这也成为历史人物神话化的叙事基础。正史文献对于感生神话、谶纬神学的关注和不自觉响应,从很大程度上增添了历史文本的神秘色彩。除了史前部落首领如尧舜禹、殷弃、周后稷等人物的描写开创神话书写以外,最为人所熟知的就是

《史记·高祖本纪》中所记载的汉高祖刘邦出生时的场景：
"刘媪尝息大泽之陂，梦与神遇。是时雷电晦冥，太公往视，
则见蛟龙于其上。已而有身，遂产高祖。"这成为以后正史时
代感生神话之鼻祖，以后正史中举凡描写帝王特别是开国帝
王出生，大都要加上一段"人神遇合"相交而生"传主"的片
段，此为历史人物神话化之一表现。此外，即使是标榜"严
肃"的正史，在特设的有关于意识形态的专章如《封禅书》、
《郊祀志》、《方术传》、《方技传》等章节中，也要对神仙、方术
以及神异传说进行不同程度的描述，亦成为民间俗神中神异
叙事之基础，这种情况在两汉以后尤甚。

◎ "发明"形象

作为一类既不同于正史的官方态度，又不同于口传故事
的民间性的一类非严肃文学样式，小说野史在民间信仰的传
播及生产过程中占据着重要地位。稗史，最初是个史学概
念，是指不同于正史、记录闾巷旧闻的史籍类型，在正史中由
于种种原因没有涉及到的，野史会对它进行一些补充，其内

容、体例与地位等与早期的"小说"类似，因此逐渐地人们以"稗史"指称"小说"，遂成文学概念。关于小说是什么，历来众说纷纭，笔者无意纠结于此，暂时依其权威著作即鲁迅先生在《中国小说史略》中的研究成果为准，旨在说明小说野史类文学样式在民间俗神信仰形成及演变过程中的功能及意义。

《中国小说史略》的一大贡献，就是承认小说的"民间性"，文中提到："志怪之作，庄子谓有齐谐，列子则称夷坚，然则寓言，不足征信。《汉志》乃晕出于稗官，然稗官者，职唯采集而非创作，'街谈巷语'自生于民间，固非一谁某之所独造也，探其本根，则亦犹他民族然，在于神话与传说。"

小说的"民间性"，是它成为民间俗神信仰中造神运动之关键一环，按照笔者的理解，若把"小说"放在与民间俗神信仰的关系来看，这种文学体裁体现着两个可以互相流动的维度，即民间和官方。一方面，小说中关于民间俗神的描写，当然有其真实的蓝本，一般来说，即是官方视野的正史记载，其中对于历史人物的生平及事迹描写一般来说都会呈现于小说或者野史当中。如小说《三国演义》中对于诸葛亮的描写，虽然鲁迅先生站在审视其改变历史真实的角度来看，评价为"状多智而近妖"，但并不妨碍其书依托历史事件的记录作用，这是其一。另一方面，小说的民间性决定了其主要面向是民间，笔者认为这亦包括两个方面的情形，即"从民间来"和"到民间去"。"从民间来"是指小说虽然采录正史，但更多的细节和说法都是根据民众之现实生活的需要而改编和创作的，"到民间去"亦体现了小说"回馈民间"的功能与作用。小说稗史体现了民间俗神信仰其官方与民间维度的完美结合，而有一定影响的俗神几乎都经过小说的改造和重新"发明"，隐约呈现出文人阶层在民间俗神信仰造神中的特殊作用。

◎ 民间形象

口传文学，又称"口头叙事"，是相对于书面文学而提出的一个概念，一般而言指的是广大民众集体创作、口头承传的文学作品。白云驹先生说过："口头文学是指民间文学中纯粹口头讲述、吟诵的口传文学或口头创作。"口传文学是集体智慧和个人生命体验的结晶,以口耳相传的创作方式代际传承,是一种活的传统,是相对于小说稗史来说更具"民间性"的一种文学样式。

在史前文字没有完全发明和被成熟运用以前,口头传承是神话等叙事文学的主要传播方式。直到商周以后文字发展到一定程度之时,书面文学才获得地位,与口传文学一样成为并驾齐驱的两种文学传播方式。但在中国古代社会民众的文化水平不是很高的情况下,口传文学显然更具民间性和生命力。对于民间俗神信仰来说,不管是史籍中记载的真实人物,还是民间传说中的人物或虚构人物,无疑都要经过民间口传方式的传播与改造,才能在民众土壤中开花结果、枝繁叶茂。这种现象在史前神话时代即已出现,在进入书写文学以前,大量有关于史前英雄等人物的神话故事在民间长期流传,以至于汉代司马迁在写《史记》时,也要去相关人物的民间口传资源较为丰富和集中的地区去做"田野调查"和采集。

从口头文学和民间信仰互动的发展历程来说,在早期,神灵与祭祀当然是民间叙事传统的原动力,至后期这种现象仍然存在,但同时亦有一种反作用,即民间叙事又为俗神信仰的建构与传播增添新的力量,如许多民间俗神就是在其显灵故事的传播中获得了更多信众和一定的社会地位。正如美国学者韩森女士所说:"民间宗教的基本信条是如何传递的呢? 加上没有经文,人们如何了解神祇? 由于缺少直接证据,任何解释都将是试探性的。但看来人们经常互相谈论某一神的灵验,从这些口头描述,来了解神祇行为的原理。正是根据这些描述,人们决定求拜哪一个神祇。"这只是一种比较随意的口头传播,还没到文学的程度,能称得上是"叙事"的口传,一般是一些具有情节的口传故事。正常情况下,一个神祇若要在一地得到信众的认同和地方社会的接纳,都要重新被半官方或民间的叙事话语所共同书写和建构,其结果便是民间叙事。有时这些叙事迥异于其在正史中的形象,而完完全全成为地方民众对神灵符号的造构与认同。但作为信仰和实践层面的造构本身,民间叙事也并未排斥正史中隐含的国家意识形态,而是以实用性互释的方式重新复写人物,将其置于世俗与神圣的双重维度,而构造民间俗神信仰的主体是复杂的社会群体,其跨度很有可能是从地方宗族、商人、乡村精英到普通村民。一旦民间俗神信仰在一地的重新书写与建构得以完成,口头文学还会存在,起着记录和保持这种信仰的作用。

广覆四海

民间信仰中神明之分类方法之一,即按照接受信仰的地域范围来确定。由于受到自然环境、经济生活、社会历史等影响,中国民间信仰具有强烈的区域性特征,沿海、平原、山区、草原的民间信仰各不相同,形态各异。这种区域性特征,大到一个地区,小到一个县,一个乡镇,甚至一个自然村,民间信仰都存在明显的差异性。① 根据神祇覆盖范围,韩森女

---

① 林国平:《关于中国民间信仰研究的几个问题》,载《民俗研究》,2007 年第 1 期,第 5 页。

士《变迁之神：南宋时期的民间信仰》一书中将神分为当地神（local gods）、区域性神、全国神（national gods）。的确，从民间俗神的祭祀和信仰覆盖及播迁范围来看，可分为全国性神祇、区域性神祇和地方性神祇三种，其覆盖的地域空间大小相对来说亦是逐渐减少的。她还认为，在外力的作用下，当地神和区域神都有向上一层转化的可能。全国神以国家政治力量扶持，其信仰的地域范围是国家行政力量所及的地区，这是它与区域或地方神的根本差异。全国性神祇很好理解，即在全国范围内或者"半"全国范围内具有较大影响的俗神，一般来说这类神祇都是经过国家或中央王朝的正式封赐承认的，亦即传统意义上的"正祀"，如关公、妈祖、观音这三类神祇即为其中之典型代表。但当地神（地方性神祇）和区域神就不太好区分，要理解这两种神祇的不同之处，仍要从其范围界定即"地方"和"区域"开始，亦要引入目前较为流行的"祭祀圈"和"信仰圈"的概念，才能获得更深刻的认知。

在台湾学者林美容先生的《由祭祀圈到信仰圈——台湾

民间社会的地域构成与发展》①一文中,她结合了祭祀圈和信仰圈的不同,从民间信仰的角度将"地方"与"区域"做了意义上的区别:"不过地方性与区域性的差别,不仅在于范围大小而已,而且地方性的公众祭祀具有排他性,非地方小区居民不能参加,而区域性的民间宗教组织却有包容性,其主神之庙宇所在的地方以外的信徒,都可以加入,此亦为祭祀圈与信仰圈的重大差别。"

从字面意思和一般人的初步印象来说,地方与区域的差别可能仅仅是范围大小层面上的,但若将民间信仰的因素加诸之上来考量的话,这两个概念的区别明显在于"影响"的考察维度。一般说来,地方俗神信仰与区域俗神信仰的主要区别在于,前者的影响多局限于一村一镇,而后者则是在更大的地域范围内取得相当广泛而持久的影响,并大致呈现出信仰策源地向周边地区扩展的地域分布态势②。但实际上这

① 林美容:《妈祖信仰与汉人社会》,黑龙江人民出版社 2011 年版,第 12 页。
② 林拓:《"边缘-核心转换":区域神明信仰策源地的形成及特征——以福建为例》,载《宗教学研究》,2005 年第 3 期。

两类信仰都可以在某种程度上称为"土神",关于这个概念,日本学者金井德幸把它定义为出于县级城隍神与村级土地神中间的,属乡一级的神灵①;而滨岛敦俊认为,"土神"是产生于某一地区,并有着该地区特有的灵异传说,因而在该地受到信仰的神,其对立的概念可称为"全国神",土神的地域范围有大有小,有村落层次上的土地神,也有乡镇、县级层次上的,甚至更为广阔的领域上的"土神"②。

神通广大

民间俗神信仰中最根本、最重要的方面是神之职司与功能,它构成了民间诸神互相区别、分门别类的本质特征。③民

---

① [日]金井德幸:《宋代浙西の村社と土神——宋代乡村社会の宗教构造》,载宋代史研究会编:《宋代の社会と宗教》,东京:汲古书院1985年版,第81—118页。

② [日]滨岛敦俊:《明清江南农村社会与民间信仰》,朱海滨译,厦门大学出版社2008年版,第7页。

③ 王守恩:《论民间信仰的神灵体系》,载《世界宗教研究》,2009年第4期。

间俗神信仰从其本质归属来讲说到底也是一种"文化",作为一种文化,既然能在中国悠久的历史发展历程中存在如此长时间,甚至在当代仍有相当地位,说明这一类文化必然有其功能所在,是一种实用性的文化。正如马林诺夫斯基所说:"文化是包括一套工具及一套风俗——人体的或心灵的习惯,它们都是直接地或间接地满足人类的需要。一切文化要素,若是我们的看法是对的,一定都是在活动着,发生作用,而且是有效的。"[①]作为一种文化,民间俗神信仰的功能又在哪里呢? 马林诺夫斯基对巫术作出了其文化功能理论意义上的评价,他说:"无论有多少知识和科学能帮助人满足他的需要,它们总是有限度的。人事中有一片广大的领域,非科学所能用武之地。它不能消除疾病和朽腐,它不能抵抗死亡,它不能有效地增加人和环境间的和谐,它更不能确立人和人间的良好关系。这领域永久是在科学支配之外,它是属

①［英］马林诺夫斯基:《文化论》,费孝通等译,中国民间文艺出版社 1987年版,第 14 页。

于宗教的范围。现在我们是要讨论这领域了。不论已经昌明的或尚属原始的科学,它并不能完全支配机遇,消灭意外,及预测自然事变中偶然的遭遇。它亦不能使人类的工作都适合于实际的需要及得到可靠的成效。在这领域中欲发生一种具有使用目的的特殊仪式活动,在人类学中综称作'巫术'。"①这段话看似是说明巫术在文化中的意义与作用,但放在本书所关注的民间俗神信仰的语境下亦依然适用。我们知道,即便是仪式活动的巫术,其来源和实质亦是信仰,就像杨庆堃先生在《中国社会的宗教》中所指出的那样:"在中国人现实的宗教生活中,宗教是建立在对神明、灵魂信仰和源于这种信仰的仪式行为、组织的基础上。"②表明了巫术与信仰(宗教)的紧密联系,因此上述对于巫术文化功能的判断也适用于对于民间俗神信仰功能的判断。当然,作为文化人

---

① [英] 马林诺夫斯基:《文化论》,费孝通等译,中国民间文艺出版社 1987 年版,第 48 页。

② [美] 杨庆堃:《中国社会中的宗教:宗教的现代社会功能与其历史因素之研究》,范丽珠等译,上海人民出版社 2006 年版,第 20 页。

类学的大家，马林诺夫斯基的《文化论》中亦关注到了"宗教信仰的功能"，他摒弃了以往学者对于宗教研究的表面的看法，而直接提出了"宗教是和人类基本的——即生物的——需要有内在的、虽为间接的联系……宗教并非产生于玄想，更非产生于幻觉或妄解，而是出于人类计划与现实的冲突，以及个人与社会的混淆。假如人类没有足以保持完整和奉为领导的某种信仰的话，这种冲突和混淆势必发生"。一针见血地揭示了宗教（信仰）在人类生活中的功能，而以功能为视角，亦能很好地对中国民间俗神进行一个类别归属。

杨庆堃先生在《中国社会的宗教》中写道，他曾经考察分布在中国五个区八个不同地方①的1 786座寺庙，并认为可以"通过由寺庙为信徒提供的广泛功能性的福佑，来观察中国社会中宗教分布的情形"，并旨在"展示在这些地方的主要寺庙中的最主要仪式所共有的功能模式"，最后将这八个地

① 这八个地方分别是：位于中国北方的河北望都和清河、东海岸的上海川沙及宝山、南中国的广东罗定和佛山、西部的四川绥宁，以及位于中国中部地区的湖北麻城。

方主要庙宇的功能进行分类,实际上是根据每间庙里主要神明的属性对中国民间信仰中的神明功能进行分类,这在今天仍有非常重要的意义。杨先生的分类如下[①]:

一、社会整合及福利组织

(一)家族组织

1. 婚姻:牛郎庙

2. 生育:观音庙、奶奶庙、娘娘庙、张仙庙等

3. 家族价值:节孝祠、孝悌祠、节烈祠

(二)社区保护:社稷坛及火神庙、海神庙、桥神庙、渡口庙、大路庙等和以村镇名称命名之庙

(三)国家

1. 公民与政治道德的象征

(1)公民与政治

a. 历史人物:仰德、报功、名宦、乡贤等祠及其他有功德

---

① [美]杨庆堃:《中国社会中的宗教:宗教的现代社会功能与其历史因素之研究》,范丽珠等译,上海人民出版社 2006 年版,第 26—27 页。

于民者之庙

　　b. 传说人物：盘古、尧帝、三皇、三圣等庙

　　（2）武将：关帝、岳王、三义等庙及忠义、忠节等祠

　　2. 维护正义：包公、狱神、衙神、韦驮等庙

　　3. 士绅及文学传统保护神：文庙、文昌庙、魁星阁等

　二、普遍的道德秩序

　　（一）天神：玉皇、老君、真武、三官、佛祖、菩萨、北斗等庙

　　（二）冥界神：邑厉坛及城隍、东岳、土地、五道、地藏等庙

　　三、经济功能

　　（一）农业神：神农坛、雷雨风云坛及龙王、河神、刘猛将军、虫王、树神、马王等庙

　　（二）手工艺和贸易保护神：鲁班、天后、吕祖等庙

　　（三）商业神与财神：财神庙

　　四、健康

　　药师、药王、华佗、眼母、斗姥、瘟神等庙

五、公共与个人的福利

（一）先贤祠：祭祀所有神灵的全神庙、神祇坛

（二）驱魔神：鬼谷、三清、二郎、康大元帅等庙

（三）福神：观音、天仙、狐仙等庙和纯阳殿

（四）泛指的庙宇：老庙、新庙、大庙、小庙、白塔庙、飞来庙、五神庙、九圣庙等

六、寺院与尼姑庵

（一）佛教

（二）道教

学者王守恩先生认为杨先生的分类法以庙宇的社会功能为依据，颇有创见；不过就构建民间神灵体系而言，它也有不适应之处："一是其中既有民间神庙又有官方祠祀，两者混在一起，一些不被民众信奉之神也包罗在内。二是祖先及一些庙中陪祀附祀乃至庙中没有但广受崇拜的民间神未被收入。此外，这个分类对某些神灵的定性还是值得商榷的。"①

---

① 王守恩：《论民间信仰的神灵体系》，《世界宗教研究》，2009 年第 4 期。

因此他自己又提出了自己的"粗略建构",具体如下:

一、地理环境神

(一)气候神:太阳神、风雹雷电等神

(二)资源神:龙王及江、河、湖、海、泉、井等水资源神;田公、地母等土地资源神;禽兽、山林、草木等动植物神,即生物资源神;煤、石等矿物资源神

(三)交通神:道路、桥梁、渡口、关隘等神

二、人口保障神

(一)婚姻神、月神、和合二仙、牛郎织女等

(二)生育神

张仙公、碧霞元君、送生爷爷、送子娘娘、送子弥勒、三霄娘娘、奶母娘娘、各种奶奶及夫人等

(三)健康神:痘疹娘娘、风疹娘娘、瘟神等疾病神;华佗、药王、吕洞宾、药师佛等医药神

三、个人命运神

(一)福神

福星、赐福天官等

（二）禄神

禄星、文昌、魁星等

（三）寿神

寿星（南极仙翁）、王母娘娘、麻姑等

（四）财神

比干、赵公明等

（五）吉凶神

喜神、太岁、各种凶神恶煞及妖魔鬼怪

（六）死后归宿神

阎王、判官及其他鬼吏鬼卒

四、群体监护神

（一）家庭宗族监护神

祖先、灶王、宅院土地、门神、床神、仓神、磨神、碾神、厕神、狐仙、姜太公、石敢当等

（二）社区监护神：城镇的城隍与村落的土地五道、三官、真武、二郎及各种本地守护神

（三）行业监护神：谷神、蚕神、虫王、牛王、马王、羊王等

农牧业神；鲁班、杜康、老君、蔡伦、黄道婆、吴道子、梅葛仙翁、天后、火神；等工商业神；其他行业之神（如行武神、梨园神、娼妓神等）

五、综合神

（一）玉皇大帝、如来佛

（二）关羽、观音

笔者认为，地理环境神、人口保障神、个人命运神、群体监护神和综合神的分类法基本上可以囊括中国民间俗神的全部功能，更能显示出人在与自然互动的过程中，形成的对自然、人生、社会的认识和需求，从民间信仰的文化功能维度来审视，亦是非常之恰当的。

本书研究之对象既然在于历史上由人而演变成的俗神在民间被崇祀信仰之现状或曾经的状态，那么就要先对这些俗神的基本情况进行简要介绍，因此以下两节将选取在中国历史上有一定影响的民间俗神，介绍其所生活年代、生前事迹和被人崇祀之原因与神化之演变过程，以便读者更深刻地了解民间神祇。

翩然出史

◎ **先秦史传**

比干，沫邑（今河南淇县）人，商朝贵族，子姓，为帝辛（纣王）叔父，因封于比（今山东省曲阜一带），故名比干。商王帝乙死后，帝辛即位，比干辅政，为巩固其政权，费尽心血，官至少师。《史记·殷本纪》载曰："纣愈淫乱不止。微子数谏不听，乃与大师、少师谋，遂去。比干曰：'为人臣者，不得不以死争。'乃强谏纣。纣怒曰：'吾闻圣人心有七窍。'剖比干，观其心。"武王伐纣建周之初，采取了许多措施以争取人心。史称："释箕子之囚，封比干之墓，表商容之间，封纣子武庚禄父以续殷祀，令修行盘庚之政，殷民大悦。"封比干墓成为周武王稳定政权最有力的措施之一。封比干墓在中国历史上有着深刻的影响，不仅稳定了新建王朝的政权，也宣扬了忠君爱国的教化思想，从而获得天下民众一致好评。

以后历代君主对比干也有敕封，北魏太和十八年（公元 494 年）魏孝文帝袁宏到邺中，路经比干墓，亲自撰写《吊比干墓文》，并树碑立庙，即现在依然存在于河南卫辉城北 7.5 公里京广铁路东侧、占地面积 130 余亩的"比干庙"。这是一座规模宏大的建筑群，1996 年被国务院列为全国重点文物保护单位。以此庙和比干事迹为核心，经过千百年悠久历史和文脉积淀，当地已经形成了"卫辉比干庙风物传说"及"比干信仰"，成为卫辉地方独特的风物及传说景观。宋元时期，商人团体和行会组织进一步发展繁荣，导致了人们对财富的极度渴求，于是商人阶层创造出了满足他们心中财富欲望的神灵——财神。随着财神信仰的兴起，作为商朝爱国忠臣的比干，因为传说其"无心"，象征着公平公正，被推上了文财神之神职，成为掌管人间财富的神灵。

更加值得注意的是，对比干的信仰除了在河南卫辉一地之外，还同宋元兴起的声势浩大的妈祖信仰结合，在我国东南沿海地区也形成了比干信仰。传说比干被纣王杀害时，他的正妃陈氏当时正有孕,即同婢女四人逃到牧野避难,在长林石室中生男,名坚,字长思,至周武王伐纣胜利,夫人乃命坚归周。武王以其居长林而生,遂因林而命氏,并赐食邑博陵(今河北蠡县),因此后来中原林氏皆认定比干及其子林坚为林氏始祖。[1]林氏子孙后裔散居于九州。汉魏时期中原林姓民众大批南迁,进入江浙一带。传说晋永嘉之乱后,林禄因讨伐有功追封为晋安郡王,被尊为入闽林姓始祖。及至宋元时期的福建地区,出现了林默娘妈祖民间信仰,在这样浓厚的信仰氛围下,林氏族谱将妈祖归认为林禄第 22 世孙女,即又推为比干子林坚第 86 代孙女。[2]至此通过血脉和宗族这两大工具完成了比干崇拜和妈祖信仰的一脉相承和文化传播,将两种民间信仰紧密联系在了一起。林氏后裔辗转入闽,又由福建走向台湾,乃至全世界,分布在海内外各地的林氏后代,不忘本根,自 1992 年以来,海内外林氏宗亲多次在

---

① [唐] 温彦博:《林姓源流总序》,比干文化网资料(http://neicuo.st518.com/Biganwenyan/WenyanShow.asp? ID=550)
② 陈国强:《妈祖信仰与神庙》,福建教育出版社 1990 年版,第 2—4 页。

比干庙内举办谒祖会,比干庙亦因此名满天下。[①]

姜太公,即姜尚(吕尚)、姜子牙,《史记》中有传,曰:"太公望吕尚者,东海上人。其先祖尝为四岳,佐禹平水土甚有功。虞夏之际封地于吕,或封于申,姓姜氏。夏商之时,申、吕或封枝庶子孙,或为庶人,尚其后苗裔也。本姓姜氏,从其封姓,故曰吕尚。"接着介绍他的经历,说他曾一度穷困,年老时还在渭水垂钓,以求见西伯也就是周文王。有一次周文王出猎之前算了一卦,卦象说他今天能获得一个辅助他称王的人,果真文王在打猎时碰到了在渭水之阳垂钓的姜太公,两人相见甚欢,文王说:"以前我的父亲太公(季力)就说过'会有圣人来帮助周族复兴'。应该是您吧? 我们太公盼望您已经很久了!"因此给他"太公望"的称号,并封他为太师。姜子牙适周后,帮助辅佐文王,与谋剪商,文王死后,又继续辅助武王,使其获得了伐纣灭

---

① 郝雪飞:《第四批全国重点文物保护单位(河南部分)介绍——比干庙》,载《中原文物》,1999年第1期。

商的最后胜利。班师回朝后,武王论功行赏,封姜尚于齐营丘
(在今山东昌乐县东南)。到了齐国后,他整顿内政,顺应民俗,
精简礼仪,大力发展工商和生产,使齐国的综合国力增强,人民
多归齐。到了周成王刚即位之时,殷商旧族管蔡作乱,淮夷一
带的小国部族也背叛周朝,成王让召康公对太公说:"东至海,
西至河,南到穆陵,北到无棣,五侯九伯,你都有权讨伐。"齐国由
此得以征伐吞并周边小国而成为大国,以营丘为都城,姜太公
也成为齐国的始祖,被后人尊称为"太公望"。

　　姜太公作为一位历史人物,其辅周灭商、封齐建国的事迹
应该是确凿无疑的,但是由于年代久远和典籍记述零乱而产生
歧义,致使人们对这一时期的历史认识仍朦胧模糊。随着历史
的推移和人们对英雄崇拜心理的作用,姜太公逐渐被推上了神
坛,成为人们顶礼膜拜的对象。在姜太公神话的过程中,是朝
廷的准宗教行为和民间的宗教情感赋予了姜太公神的光环。①

---

① 仝晰纲:《宗教行为与姜太公神话的文化积淀》,载《辽宁大学学报》,1999 年
　第5期。

从西周至秦汉时期,是姜太公从人到神的初始时期,《诗经·
大雅·大明》描写了姜太公在武王伐纣时牧野之战的勇武形
象,将其大将风范表现得栩栩如生,之后的《左传》《史记》中
都有相关描述,太公勇武、果敢、足智多谋的形象表露无
遗。两汉之际,谶纬之学泛滥,许多历史事实和传说都被人为地
披上了迷信的外衣,姜太公的事迹自然也是如此。在纬书
《尚书中候》、刘向的《说苑》、王充的《论衡》中,都对姜太公的
行为和事迹作了迷信的渲染,姜太公开始具有了"神"的色
彩。魏晋至隋唐,姜太公神话进一步被各种文献记录所演
绎,达至顶峰。这一时期姜太公身上神秘的色彩日渐浓厚,
并衍生出许多离奇怪异的故事。同时姜太公也正式登堂入
庙,由朝廷和官府正式进行祭礼。唐肃宗上元元年(公元
760 年),"追封(姜太公)为武成王,有司依文宣王置庙,仍委
中书门下,择古今名将,准文宣王置业圣及十哲等,享祭之
典,一同文宣王"。①太公望被尊为武圣,由历代名将配祭,取

---

① [宋]王溥:《唐会要》卷 23,中华书局 1955 年版。

得了与文宣王孔子并驾齐驱的地位,但是并不稳固,还受到了儒家道德标准的冲击。一些士大夫认为,姜太公本是商朝大臣,对纣王的残暴和昏庸,不是像比干那样以死谏诤,反而投靠周族,佐周灭商,这种行为不合礼法,不符合儒家"不事二主"的道德价值观,因此姜太公的官方祭祀地位受到了一定的冲击。

宋元明清时期,由于汉族和非汉民族矛盾的加深,姜太公由于其叛商归周的历史事实,更加触及到了民族关系及政治归属的敏感话题,其在教化上的功能逐渐被统治者所抛弃,政治神话逐渐熄灭,其战神地位被关羽所取代,然其神话传说在民间仍广为流传,并在此基础上形成了一些文学作品。元代成书的《武王伐纣平话》,实际即为以姜太公为主要人物而演绎成的半历史半民间故事。明隆庆万历年间问世的神魔小说《封神演义》,以《武王伐纣平话》为底本,参考《商周演义》、《昆仑八仙东游记》等演义小说和民间传说及神话的部分,以姜子牙辅佐周室伐纣商的历史为背景,描写了阐教、截教诸仙斗智斗勇、破阵斩将封神的故事。在这部书中,姜太公不仅调兵遣将,排兵布阵,且最后掌"封神榜",权衡神鬼生死荣辱,使许多既不属于佛教系统又不属于道教系统的民间俗神收归麾下,奠定了太公"神上之神"的地位。另外,其神话在民间的传播客观上与唐宋时期的武举制度有关,唐初科举分常举和制举两种。至武则天时期,正式设立武举,得中武榜者则拜被尊为"武成王"和具有战神性质的姜太公,客观上促进了姜太公民间地位的提升。广大民众并不在乎姜太公的神话是否真实,他们出于对智慧勇武的崇拜,使得姜太公神话代代相传。经过长期的文化积淀和集体记忆,人们对姜太公的迷信渐次转化成民俗,成为人们渴求和追求社会公正、生活安定的一种精神寄托。这种精神上的寄托和慰藉的需要使得姜太公神话又在民间不断演义,在他生活过的地方,流传着许多民间传说。

扁鹊,在中国医学史上,扁鹊是第一位有正式传记的医家,据司马迁《史记·扁鹊仓公列传》记载,"扁鹊者,渤海郡郑人也,姓秦,名越人。少时为人舍长",因舍客长桑君授神药,并"悉取其禁方书尽与扁鹊","扁鹊以其言饮药三十日,视见垣一方人。以此视病,尽见五藏症结","为医或在齐,或在赵。在赵者名扁鹊"。后因治好晋赵简子的病,简子赐给他四万亩田;又因治好虢国太子的病,"天下尽以扁鹊为能生死人";"秦太医令李醯自知伎不如扁鹊也,使人刺杀之。至今天下言脉者,由扁鹊也"。扁鹊身后,民众怀念他的高明医术,为其建造的墓、庙、祠堂多达十几处,加之传记中处处可见的神异之处,使扁鹊逐渐成为民间俗神。首先,他的种种神异在宋元以后的传说中活灵活现。如宋代诗人范成大在其《揽辔录》中写道:"伏道有扁鹊墓,墓上有幡竿,人传云:四旁土可以为药,或于土中得小圆黑褐色,可以治病。"楼钥《北行日录》中也说:"乾道五年,过伏道望扁鹊墓前多生艾,功倍于他艾。"尤其是在河北境内,有很多扁鹊的传说和故事还在传颂。太行山东麓的河北邢台内丘县城西北有一个小山村,村名叫神头村,相传其名因葬扁鹊头所得。小村依山而建,三面环山,名为鹊山;村西北有一庄严庙宇,亦名曰扁鹊庙,庙内有扁鹊像,庙左有扁鹊墓,庙中有一石碑,记述了扁鹊的生前功德,被称为"透灵神碑",据传,这块石碑能照见人的五脏六腑,十分灵验。每年农历三月,八方人士云集扁鹊庙,进行祭奠香火极盛,长达月余。

李冰,战国时代著名的水利工程专家。公元前256年至前251年被秦昭王任为蜀郡(今成都一带)太守。期间,他征发民工在岷江流域兴办许多水利工程,其中以他和其子一同主持修建的都江堰水利工程最为著名。几千年来,该工程为成都平原成为天府之国奠定坚实的基础。后世为纪念李冰父子,在都江堰修有二王庙。都江堰也成为著名的风景名胜。

李冰其人其事最初见于《史记·河渠书》:"于蜀,蜀守冰凿离碓(堆),避沫水之害,穿二江成都之中。此渠皆可行舟,有余则用溉浸,百姓享其利。至于所过,往往引起水益用溉田畴之渠,以亿万计,然莫足数也。"汉代典籍中,如《史记》、《汉书》等只记载了李冰治水的事迹,但较为简略。东汉应劭的《风俗通义》一书中却有详细记载,并称其化为牛与江神相斗,说明当时李冰已经有开始被神化的迹象。李冰、江神互化为龙相斗事,首见于卢文《群书拾补》所辑应劭《风俗通》佚文,说是李冰任太守时,"江水有神,岁取童女二人以为妇,不然,为水灾。主者曰:出钱百万以行聘。冰曰:不须。吾自有女。到时,妆饰其女,当以沉江水。径至神祠,上神座,举杯酹曰:今得傅九族,江君大神,当见尊颜。相敬酒,冰先投杯,但淡澹不耗。冰厉声曰:江君相轻,当相伐耳。拔剑,忽然不见。良久,有两苍龙斗于岸旁。有间,冰还,流汗,谓官属曰:吾斗太极,当相助也,若欲知我,南向腰中正白者,我绶也。主簿乃刺杀北面者,江神也"。

历代史籍多详谈成都平原都江堰情况,较少涉及李冰身世。此后,历代史籍对其行实无所补充,仅或详或略记述相关渠堰的扩展情况。南朝梁时期,出现了李冰父子共同治水的文献,李膺《治水记》中有"蜀守父子擒健龟,囚于离堆之趾"①一句,是为后代"二郎"称谓的最初来源。唐代导江县

---

① [南宋]王象之编纂:《舆地纪胜》,卷151"伏龙观"条引,中华书局1992年版,第4077页。

(今都江堰市)已建李冰祠。北宋开始流传所谓李冰之子李二郎协助治水等神话。后来,"二郎"之称又投射于杨戬和赵昱身上,特别是后世《西游记》等神魔小说的传播使得大众认为杨戬是二郎神之原型。但在民间信仰中,特别是二郎神信仰集中地川西关口地区,李冰之子这一形象才是民间所正经认同的"二郎神"。这在当地二王庙、川主庙等祭祀二郎神的宫观中,可以得到验证。且在民间传说中,神话人物二郎神的原型就是李冰之子,《太平广记》有传,范成大指称冰擒神锁镇于伏龙观,南宋朱熹《朱子语类》有言:"梓潼与灌口二郎两个神,几乎割据了两川。"该书又说:"蜀中灌口二郎神,当时是李冰因开离堆有功立庙,今来现许多灵怪,乃是他第二儿子出来。"1974 年在都江堰市岷江(外江)发掘出一尊东汉建宁元年(公元 168 年)雕刻的李冰石像,充分显示治水英雄在人民大众心目中的崇高地位。

伍子胥,春秋末期吴国大夫、军事家,名员,字子胥,本楚国椒邑(今湖北省监利县黄歇口镇伍场村)人。子胥之父伍奢为楚平王子建太傅，因受费无忌谗害，和其长子伍尚一同被楚平王杀害。伍子胥从楚国逃到吴国，成为吴王阖闾重臣。公元前506年，伍子胥协同孙武带兵攻入楚都，伍子胥掘楚平王墓，鞭尸三百，以报父兄之仇。吴国倚重伍子胥等人之谋，西破强楚，北败徐、鲁、齐，成为诸侯一霸。子胥曾多次劝谏吴王夫差杀兵败被俘的越王勾践，夫差不听，却急于进图中原，率大军攻齐，伍子胥再度劝谏夫差暂不攻齐而先灭越，遭拒。夫差听信太宰伯嚭谗言，称伍子胥阴谋倚托齐国反吴，派人送一把宝剑给伍子胥，令其自杀。伍子胥自杀前对门客说："请将我的眼睛挖出置于东门之上，我要看着吴国灭亡。"在子胥死后九年，吴为越所灭。

伍子胥愤而自杀，是一个充满着悲剧性的历史人物。在他死后，人们因感念其遭遇，对其进行祭祀，自吴越之地逐渐向四周扩散。首先，在吴越之地，因为自然地理因素，民众早有祭祀水神的习惯，有祭祀传统的民众同情和信仰伍子胥，逐渐吸纳其成为水仙，甚至还出现了伍子胥携文种之神畅游于海的说法，如东汉赵晔《吴越春秋》所载："（文种）葬一年，伍子胥从海上穿山胁而持种去,与之俱浮于海。故前潮水潘候者,伍子胥也;后重水者,大夫种也。"也有人提出了伍子胥为愤怒涛神之说,如唐代司马贞《史记索隐》记载:"子胥怨恨,故虽投江而不化,犹为波涛之神也。"尤其自两汉开始,关于伍子胥神话和信仰的记载开始增加,特别是作为钱塘潮神的记载已较为常见。在汉代,祭祀伍子胥的活动在吴越地区亦为常事。如《曹娥碑》就曾提到:"汉安二年五月时(曹盱)迎伍君逆涛而上,为水所淹不得其尸。(曹)娥时年十四,号慕思盱,哀吟泽畔旬有七日,遂自投江死,经五日抱父尸出。"后来伍子胥信仰从吴越之地渐向外扩散,从三国起,各地开始有关于伍子胥庙的记载。如河南顿丘"庙前有碑,魏青龙三年(公元235年)立",山东"有伍员祠,晋大安中立",北魏时也在山东、河南等地发现了伍子胥庙①。同时,民众在祭祀伍子胥时已经有了类似于唱"神赞歌"的民俗文艺活动。如晋人夏统在谈论家乡

---

① [北齐]魏收:《魏书》卷一百零六卷《地形志》,中华书局1974年版,第2459、2519页。

会稽的"土地间曲"时说道:"伍子胥谏吴王,言不纳用,见戮投海,国人痛其忠烈,为作《小海唱》……引声喉啭,清激慷慨,大风应至,含水嗽天,云雨响集,叱咤欢呼,雷电昼冥,集气长啸,沙尘烟起。"

在唐代,伍子胥信仰已经十分普遍,有时还会进入各地土神之崇拜行列。史称"每岁有司行祀典者,不可胜纪。一乡一里,必有祀庙焉。为人祸福,其弊甚矣……又有为伍员庙之神像者,必五分其髯,谓'五髭须'神。如此皆言有灵者多矣"。在民众的改造和吸收消化下,伍子胥神出现了讹传,但这正显示了伍子胥信仰在民间的深入和扩大。正因为这一点,再加上伍子胥事迹之悲剧性,在历代国家对地方祠祀进行整顿之时,伍子胥祠庙都能躲过一劫,尚且留存。如武则天时期的狄仁杰为江南巡抚使,他大力裁撤淫祠:"吴、楚之俗多淫祠,仁杰奏毁一千七百所,唯留夏禹、吴太伯、季札、伍员四祠。"宋代的伍子胥信仰较唐代有过之而无不及,在王朝大封民间神灵的热潮中,伍子胥当然也没被遗漏。宋太宗雍熙二年(公元985年)四月,下诏重建伍子胥祠;大中祥符五年(公元 1012 年),先是诏令杭州地方官为建伍子胥祠建春秋道场,后又加封英烈王、赐额忠清庙。总之,唐宋时期伍子胥经过统治阶层的大力扶持和民间社会的虔诚崇敬,有了一定地位,亦确立了其忠孝、调节风雨和作为钱塘潮神的职能,已经达到伍子胥信仰之高度。元朝统治者对伍子胥依然采取了封赐和肯定的国策,但自宋元以后伍子胥信仰已经走向衰落,到明代伍子胥信仰中的潮神和调节风雨之职能已经被消解,仅仅徒留"忠"之内涵,且在当朝城隍神大肆兴盛的情况下,这位前代之神也被吸收到这一保境安民的神灵体系中去,充当着类似"城隍"的功能,体现了中央权力对地方社会控制的加强。至清代,伍子胥信仰又得到发展和恢复,再次恢复到宋代时的地位,官方和民间致祭不断。从以上各朝时期伍子胥信仰的起起落落可知,其基本保持良好态势,在官方和民间视野中都拥有稳定的受众。

◎ 秦汉史传

项羽(前 232—202),名籍,字羽,秦末下相(今江苏宿迁)人,楚国名将项燕之孙,他是中国军事思想"兵形势"代表人物(兵家四势:兵形势、兵权谋、兵阴阳、兵技巧),堪称中国历史上最强的武将,古人对其有"羽之神勇,千古无二"的评价。项羽早年跟随叔父项梁在吴中(今江苏苏州)起义,项梁阵亡后,他率军渡河救赵王歇,于巨鹿之战击破章邯、王离统领的秦军主力。秦亡后,项羽称西楚霸王,实行分封制,封灭秦功臣及六国贵族为王。而后汉王刘邦从汉中出兵进攻项羽,项羽与其展开了历时四年的楚汉战争,期间虽然屡屡大破刘邦,但项羽为人不忍,又猜疑亚父范增,最后反被刘邦所灭。公元前202年,项羽兵败垓下(今安徽灵璧南),突围至乌江(今安徽和县乌江镇)边自刎而死。

据史书记载,项羽随从项梁避仇于吴中,后于吴中募集八千人起兵反秦。故项羽战败身亡后,吴兴百姓便为其立祠祭祀。自汉代至南朝,吴兴世有楚王项羽神庙,《后汉书·郡国志四》"吴郡"条引《吴兴记》曰:"县西北卞山有项籍祠。"《南史·萧思话传附子惠明传》云:"泰始初,为吴兴太守,郡界有卞山,山下有项羽庙。相承云羽多居郡听事,前后太守不敢上。"《梁书·萧琛传》云:"出为信威将军、东阳太守,迁吴兴太守。郡有项羽庙,土民名为愤王,甚有灵验,遂于郡厅事安施床幕为神座,公私请祷,前后二千石皆于厅拜祠,而避居他室。"说明项羽已经成为吴兴乃至江南地区不折不扣的民间俗神,不仅百姓为了取得项羽的庇佑而为其立祠献祭,就连吴兴地方长官也对项羽忌惮三分,以至于将官府正厅让于项羽神位,自己则另辟他室。随着佛教在江南的逐步发展,出于自身"中国化"的需求,项羽神逐渐与佛教发生了关联。

纪信,字成,籍贯不详,是秦朝末年跟随刘邦起义的一员大将,在楚汉战争中为刘邦立下了汗马功劳,其事迹在《史记·高祖本纪》、《史记·项羽本纪》皆有所载,主要出现在鸿门宴和荥阳之战这两个历史事件之中。据记载,公元前204年,楚汉相争已达三年之久,经前一年彭城之战,刘邦元气大伤,收散兵将士驻军于荥阳,项羽占优势,将刘邦围困于荥阳城内,汉军粮草将绝,危在旦夕。关键时刻,相貌与刘邦有几分相似的大将纪信挺身而出,着汉王衣衫,坐汉王车辇出东门诈降,而刘邦趁机从西门逃脱。项羽走近车辇,发现车中之人并非刘邦,深知中计,一怒之下烧杀纪信。他的牺牲使刘邦得以保全,赢得以后重整旗鼓、击败项羽的机会,最终建立了大汉王朝,而纪信亦得以"忠烈"著称,载入史册,成为永垂不朽的品德典范。

汉王朝建立后,刘邦曾在《汉高祖诰词》中昭告天下,感念纪信"以忠殉国,代君任患,实开汉业",后人亦在纪信牺牲的荥阳城西城门外建纪信墓。为缅怀忠烈,隋文帝时期开始在今郑州市惠济区古荥镇纪公庙村建庙祭祀。历代名人撰文刻碑,颂扬纪信功德。

最早的城隍庙在芜湖,始建于东吴赤乌二年(公元239年),芜湖的城隍神很有可能是天下城隍鼻祖。宋人赵与时《宾退录》卷八云:"城隍神之姓名具者,镇江、庆元、宁国、太平、襄阳、兴元、复州、南安诸郡,华亭、芜湖两邑,皆谓纪信。"既然中国最早的城隍庙在芜湖,那么纪信很有可能是中国最早的城隍神,是当之无愧的城隍第一人,直到现在许多地方仍供奉他为城隍。

刘章(约前200—前176),谥号"景",后人称"城阳景王"。汉高祖刘邦长子齐悼惠王刘肥之次子。汉高祖刘邦死后,吕后称制,为了更好地控制刘氏子孙,她征召刘章入朝宿卫,封其为朱虚侯,将侄子吕禄之女嫁与刘章为妻;并召其弟刘兴居为东牟侯,接在长安宫中值宿护卫,后又大封吕氏诸子为王,刘氏一族地位逐渐下降。但年轻的朱虚侯刘章有胆识、有担当,颇有英雄气概,《汉书·高五王传》载:

> 章年二十,有气力。忿刘氏不得职。尝入侍燕饮,高后令章为酒吏。章自请曰:"臣,将种也,请得以军法行酒。"高后曰:"可。"酒酣,章进歌舞,已而曰:"请为太后言耕田。"……太后曰:"试为我言田意。"章曰:"深耕概种,立苗欲疏;非其种者,鉏而去之。"太后默然。顷之,诸吕有一人醉,亡酒,章追,拔剑斩之,而还报曰:"有亡酒一人,臣谨行军法斩之。"太后左右大惊。业已许其军法,亡以罪也。因

罢酒。自是后，诸吕惮章，虽大臣皆依朱虚侯。刘
氏为强。

公元前 180 年，吕后崩，诸吕阴谋夺取天下，刘章因其妻
为吕禄女，遂知吕氏阴谋。同其兄刘襄等人，联合诸臣，诛杀
诸吕，恢复刘家天下；但大臣们惧怕刘襄兄弟，却立无依无靠
的代王刘恒为帝。刘恒即位为文帝，封刘襄为齐王，刘章为
城阳王。刘章于封王的次年即汉文帝三年（前 177 年）夏薨，
走完了他壮烈辉煌的二十三年人生。刘章后代因为其功勋
得以分封在琅琊与东海两郡，据《汉书·高五王传》载城阳王
世系可知，城阳国存在一百七十年，传九世十王，可谓是西汉
延续时间最长的世家，且为西汉分封王子侯国最多的世家。
城阳景王死后，其后代在国立祠祭祀刘章，逐渐发展成为一
地的民间信仰。至西汉末年，因王莽乱政，这一地方的赤眉
军竟以城阳景王名义号召民众，得以起义。《后汉书·刘盆
子传》载：

赤眉众虽数战胜，而疲敝厌兵，皆日夜愁泣，思

欲东归……军中常有齐巫鼓舞祠城阳景王,以求福助。巫狂言景王大怒,曰:"当为县官,何故为贼?"有笑巫者辄病,军中惊动。时方望弟阳怨更始杀其兄,乃逆说(樊)崇等曰:"更始荒乱,政令不行,故使将军得至于此。今将军拥百万之众,西向帝城,而无称号,名为群贼,不可以久。不如立宗室,挟义诛伐。以此号令,谁敢不服?"崇等以为然,而巫言益甚。前及郑,乃相与议曰:"今迫近长安,而鬼神如此,当求刘氏共尊立之。"六月,遂立盆子为帝,自号建世元年。

城阳景王神祠在反莽复汉运动中发挥了巨大作用,在刘秀光复之后的东汉初期,城阳景王崇拜在莒地再度兴盛开来。《后汉书·光武十王列传》载:

琅邪孝王京……永平……五年,乃就国……京都莒……国中有城阳景王祠,吏人奉祠。神数下言官中多不便利,京上书愿徙宫开阳……肃宗许之。

至汉末,亦有《三国志·魏书·武帝纪》注引《魏书》载:

> 初,城阳景王刘章以有功于汉,故其国为立祠,
> 青州诸郡转相仿效,济南尤盛,至六百余祠。

不仅如此,东汉齐地民众祭祀城阳景王的活动,已经颇似后世的迎神赛会,史载"贾人或假二千石舆服导从作倡乐,奢侈日甚",且"历世长吏无敢禁绝者",从侧面暗示了这是一场连地方官、商人都积极参与的全民祭祀迎神活动。虽然从东汉末世开始,主政山东地方的太守们已经开始对城阳景王的祭祀禁绝,认为这是"淫祀",并进行数次的清理城阳景王神祠的政令与运动,但是深深根植于地方民间的"城阳景王信仰"却并未完全绝迹,一旦政治有所松动,便卷土重来。而事实上,魏晋以后千百年间,城阳景王祠仍有遗留,如《晋书·五行志下》中记载:"惠帝元康五年三月癸巳,临淄有大蛇,长十余丈,负两小蛇入城北门,迳从市入汉城阳景王祠中,不见。天戒若曰,昔汉景王有定倾之功,而不厉节忠慎,以至失职夺功之辱。今齐王冏不寤,虽建兴复之功,而骄陵

取祸,此其征也。"元人于钦《齐乘》卷四"城阳景王庙"条亦载:"莒州城内,祀汉朱虚侯刘章……庙久废。州署内有古槐,半体如枯槎,而根叶敷茂,相传是章手植。益都旧城北、南阳水上,古亦有庙,遗址尚存。"至明代,临朐县老龙湾熏冶泉之侧重修冶官祠,此祠虽名为冶官祠,但祠内有匾曰"大孝王",所以又称为"大孝王祠",据今人考证,此祠亦应为后人纪念刘章而作。①从西汉初年一直到明代近两千年时间里,城阳景王在山东地方的民间信仰中一直绵延不绝,显示了地方民众对于这位乡贤年轻有为和英雄胆识的追忆与敬仰。

王昭君,汉元帝时的宫女,因和亲出塞匈奴而为世人所知。《汉书·匈奴传》和《后汉书·南匈奴传》中记载了这件事,以后者的记载最为详细:

> 昭君字嫱,南郡人也。初,元帝时,以良家子选
> 入掖庭。时,呼韩邪来朝,帝敕以宫女五人以赐之。

---

① 李岩:《临朐"大孝王祠"考释》,载《潍坊工程职业学院学报》,2013年第3期。

昭君入宫数岁,不得见御,积悲怨,乃请掖庭令求行。呼韩邪临辞大会,帝召五女以示之,昭君丰容靓饰,光明汉宫,顾景斐回,竦动左右。帝见大惊,意欲留之,然难于失信,遂与匈奴。生二子。及呼韩邪死,阏氏子代立,欲妻之,昭君上书求归,成帝敕令从胡俗,遂复为后单于阏氏焉。

从西汉至今,漫长的岁月中无数人对王昭君牺牲自己换来和平的义举钦慕不已,这种钦慕敬佩之情在民间生发传递,各种有关昭君的民间故事、文艺作品不断涌现,使其成了吉祥、平安、安康的代名词,昭君美名家喻户晓、妇孺皆知。两千年来,在汉族和北方少数民族中广泛流传着许许多多有关昭君的传说和故事。特别是在昭君故里湖北和她最后定居的内蒙古地区,大量的风物和景观都流传着与昭君有关的美丽传说和动人故事。如在昭君故乡湖北兴山,有关昭君的遗址遗迹甚多,有关传说渗透在乡风民俗中,许多地名与昭君有关,甚至有的遗址直接用昭君之名,如"昭君渡"、"昭君台"、"娘娘井"等地名及其优美的传说,以昭君出生地和生活地为背景,以当地的风物为对象,附会昭君事迹,在当地已经形成了所谓的"风物传说圈"①。当地还有许多优美的民间传说,如《昭君桥》《昭君的故事》《昭君渡》《楠木井》等。大量的故事将昭君塑造成和平和谐、惠民仁爱、智慧创造、惩恶扬善等优良品质的女神形象,表达了昭君故里百姓对她的热爱。

内蒙古地区的当地百姓对昭君也十分敬爱,传说由东汉文学家蔡邕所撰写的《琴操》一书记载:"昭君死塞外,乡人思之,为之立庙。"宋代地理书籍《舆地纪胜》也提及:"汉在此(按:兴山昭君台)立有昭君庙。"当地人盛传此庙规模很大,大殿内塑有昭君彩色塑像。及至唐代,文献中已明确出现"昭君村"、"捣练石"、"青冢"、"昭君墓"等具有神迹性的记载。在呼和浩特郊区桃花乡一带,旧时每年腊月三十,家家户户、老老少少都要先到昭君坟烧香磕头,把"昭君娘娘"请到家里,才开始吃团年饭,当地俗称"合心饭"。鄂尔多斯群

① 巩盼盼:《昭君风物传说圈的文化特色》,载《湖北民族学院学报(哲学社会科学版)》,2011 年第 2 期。

众同样也有祭祀昭君的习俗,黄河南岸的达拉特旗境内就有一座昭君庙,当地民众认为"昭君娘娘"是一位保护穷人的善神,于是居住在周围的百姓每逢吃好东西,都要欢欢喜喜地来给昭君娘娘上供,以表达他们热爱女神的一番心意。

　　王尊,字子赣,西汉末年元帝时期著名大臣,汉涿郡高阳(今河北高阳县)人,生卒年不详。他在担任东郡太守时,黄河泛滥,泛浸瓠子金堤,民众纷纷奔走躲避水灾。王尊亲率吏民至马白抗灾,祭祀水神河伯,并请以身填金堤。后宿于金堤上,大水冲毁金堤时,王尊坚持不走,吏民数千人要求他撤离,王尊仍不为所动。很快水位下降,灾情消除,吏民嘉其勇节。白马三老朱英等上书朝廷,朝廷考察认定,对其进行了嘉奖。后来民众佩服王尊为民治水的功德和勇敢精神,在他死后为其立河侯庙,尊为水神,并世代奉祀。《古今图书集成·神异典》卷二七引《滑县志》称:"河侯祠在县南一里,汉东郡河决,太守王尊以身填之,水乃却。及卒,民为立河侯祠祀之。"

伏波将军,为西汉武帝时开始使用的一种敕封军队统帅的封号,象征能征善战的军事才能和平定南方地区的彪炳功绩。史载:"伏波,汉武帝征南越,始置此号,以路博德为之。"①迄西汉武帝至魏晋南北朝时期,虽有数十人被封为伏波将军,但仅西汉路博德和东汉马援成为后世广泛祭祀的对象,形成富有地域特色的伏波信仰。两位伏波将军都曾在岭南地区立下赫赫战功,一些地方还有将两位伏波将军合祀的现象,以下先分别介绍他们的原型。

第一任伏波将军为路博德,《史记》卷一百一十一《卫将军骠骑列传》中载曰:"将军路博德,平州②人。以右北平太守从骠骑将军有功,为符离侯。骠骑死后,博德以卫尉为伏波军,伐破南越,益封。其后坐法失侯。为强弩都尉,屯居延,卒。"

由于路博德在伐南越之前,就曾在与匈奴的战争中因功

---

① [南朝梁] 沈约:《宋书》卷三十九志第二十九《百官上》,中华书局 1974 年版,第 1217 页。
② 应作"平周",汉县名,在今山西孝义市西南。

封侯，官至九卿，故而"越素闻伏波名，在战场上慕名归降"，在战场上久负盛名，并因此得以平定南越，"伏波将军"这个官阶亦始于路博德。

第二任伏波将军则是东汉时期的马援，关于此人，《后汉书》卷二十四《马援列传》记载甚详，在此简要介绍其生平与事迹：马援（前14—49），字文渊。汉族扶风茂陵（今陕西省兴平市窦马村）人。著名军事家，东汉开国功臣之一。新朝末年，天下大乱，马援为陇右军阀隗嚣的属下，甚得隗嚣的信任。归顺光武帝刘秀后，为刘秀的统一战争立下了赫赫战功。天下统一之后，马援虽已年迈，但仍请缨东征西讨，西破羌人，南征交趾，因功封新息侯。后于讨伐五溪蛮时身染重病，不幸去世。因梁松诬陷，死后被光武帝收回新息侯印绶，直到汉章帝时才遣使追谥忠成。

两位伏波将军都由于功勋显著又善于治理而赢得南越人民的敬仰和崇拜。路博德奉命南下平定南越，且为人宽厚待物、冷静处事，深得当地人赞赏与尊敬，史称"粤人立祠祀之，后并祀马伏波焉"；而马援南征交趾，"随山刊道千余里"，

"治城郭,穿渠灌溉",又西征五溪蛮,沿沅江前进,病死虎头山。其修渠开道、治城灌溉之事在宋时亦不断放大,成为受到朝廷封赐的主要原因。特别是两位将军的名号"伏波"之意正迎合了当地人们对水运交通安全及地区安定等愿望之期许,因而尤其在唐宋以后,立祠、封号之事逐渐增多。开始时,国家对两位伏波将军都极为敬仰,或各有奉祀,或合并祭祀。如宋崇宁四年(1105 年),赐广州阳山县汉伏波路博德祠额为"忠勇";大观元年(1107 年),赐雷州伏波祠庙额"威武"。因汉路博德率兵攻南越之时,阳山县所在的连江为必经之途,于此立庙赐额合情合理。同样,在马伏波战斗过的地方或所经之要道,也有祠庙建立。当然也有两将军并祀之情形,如《广东通志》中讲到宣和二年(1120 年),"顷缘使舶共苦风涛,漕臣修致祷之虔,以求共济屏翳息号空之怒,飘顺而安,遂成济海之功,无愧伏波之号,宜进加其徽号,用昭报于宠休,神其格思,歆我嘉命,可特封忠显佑顺王,两神同一诰,盖例封也"。不过这种情况到后来有些变化,可能是由于马援的人格魅力、历史功绩、悲剧人生等先天条件和国家推动、灵验传说等后天条件的共同作用,至南宋后期,一些原为路博德的伏波庙已经只祭祀马援了,这种转变尤以广西一地为甚。而马伏波因能征善战,所到之处甚广,因而总体来说在信仰播迁范围上也比路伏波多一些,其主要覆盖地域为岭南和武陵地区。岭南地区的伏波神基本上以保护水运和地方安全为主要职能,但在武陵地区,由于其地自然地理环境及地方社会控制的特殊性,伏波信仰在此地的区域特征已经不仅仅体现在其神职功能的泛化上,还体现在人们对马援的祖先认同中,伏波将军已经从开始的国家神转化为地方神,乃至家族神,体现了历史时期武陵地区族群的家族化特征。而伏波神与家族神的结合,也使得伏波信仰成为文化权利的象征,参与地域社会秩序的建构,同时这种结合也促进了伏波信仰在武陵地区长期的稳定传承[1]。

---

① 杨洪林:《从国神到家神:武陵地区伏波信仰变迁研究》,载《广西民族研究》,2012 年第 3 期。

华佗,字元化,豫州沛国谯县(今安徽亳州)人,约生于汉冲帝永嘉元年(公元145年),卒于汉献帝建安十三年(公元208年)。少时曾在外游学,钻研医术而不求仕途。医术全面,尤其擅长外科,精于手术,被后人称为"外科圣手"、"外科鼻祖"。另精通内、妇、儿、针灸各科,行医足迹遍及河南、安徽、山东、江苏等地。华佗曾用"麻沸散"使病人麻醉后施行剖腹手术,是世界医学史上应用全身麻醉进行手术治疗的最早记载。又仿虎、鹿、熊、猿、鸟等禽兽的动态,创作名为"五禽之戏"的体操,教导人们强身健体。后因不服曹操征召被杀,所著医书《青囊书》已佚。

华佗有着精湛的医术,但终身未走上仕途,而是悬壶济世、为民众服务,在当时的徐州、豫州、青州、兖州等淮河广大地区行医施药。他为中华医学所做的贡献亦为国人所深知,在他去世的东汉末年至宋代,华佗已经逐渐从一位民间神医被逐步塑造成了医神,得到民众的敬仰。

早在华佗生活的东汉末年,对他的神化已经开始。《三国志》记载其"晓养性之术,年且百岁而犹有壮容,时人以为仙"，这里说他"年且百岁"，但有人考证的结果是华佗只活了六十多岁就被曹操杀害了。姑且不管华佗的年龄，单凭"时人以为仙"这一句亦能窥见其神化的隐约痕迹。魏晋时期的《神仙纲鉴》、宋人所著的《华氏中藏经》等书更是进一步神化华佗的医术来源，并将其塑造成仙风道骨的神医形象。而民众渴望健康的迫切心情也使他们寄希望于这位神医，华佗祠庙的建立正是这种迫切心情的真实反映。除了元明时期中央王朝对历代名医的祭祀，更多的是华佗当年活动最多的淮河流域，在明清时期出现了大量的华佗祠庙，在一定程度上缓解了明清时期淮河流域的自然灾害与瘟疫疾病对民众造成的恐慌心理。另外，华佗信仰亦在当地起到了振兴区域经济的作用，如明清时期，每年重阳在华佗的家乡亳州举行华祖庵庙会，庙会期间当地医家药师朝拜祭祀华佗祖师，并在庙前施医接诊，百姓亦摆摊售卖药材，庙会逐渐兴盛。相沿已久，各地药商辐辏而至，在亳州成立药帮和会馆，使其地逐渐成为明清时期全国文明的四大药材集散地之一。

◎ **魏晋史传**

关帝,由三国时期蜀汉大将关羽之"人鬼"演化而来的民间俗神。关羽(约公元 162—220),字长生(后改云长),河东解良(今山西运城)人,东汉末年蜀国名将,辅佐刘备重兴汉业,屡建奇功,威震华夏。东汉建安二十四年(公元 219 年)冬,关羽大意失荆州,兵败走麦城,为吴国将领吕蒙所获,不久被斩首于临沮。关羽死后,直至唐代,在民间并无多大影响。约从宋代开始,佛道逐渐将其纳入自身的神灵谱系,尊为各自的护法神。又自宋徽宗崇宁元年(1102 年),关羽被奉为忠惠公,开启了国家统治者敕封名号的辉煌历史。由此在逐渐经过了国家政权、佛道宗教的不断塑造下,关帝神话与信仰在各种传播手段——文学、戏剧、宗教、官方和民间信仰、秘密社会等各界传说的推动下散布全国各地,甚至随移民传播海外,最终成为全体华人顶礼膜拜的一位民间俗神,关羽也因此被后人尊称为"关圣帝君",或简称为"关帝"或"关圣",民间亦有"关公"、"关老爷"之俗称。

宋元时期民间对关羽形象的重塑,乃是吸取了上层士大夫文化的因子建构而成的,经过重新塑造的关羽在明清时期渗透到民间社会和士大夫阶层,成为官方和民间塑造关羽崇拜的重要文化资源。

一般认为,关羽显灵开始于隋朝,但现存较为可信的资料记载的大都是唐人对关羽的崇拜情况。这种崇拜仅限于与关羽有关的一些地区,如他的家乡今山西运城一带或是与之有莫大关系的荆州、四川等地。并且,关羽最初在民间的形象,是以凶悍可畏为特征的。如唐末范摅的笔记小说集《云溪友议》中说:"蜀前将军关羽守荆州,荆州有玉泉祠,天下谓四绝之境。或言祠鬼助土木之功而成,祠曰三郎神。三郎即关三郎也。允敬爱者则仿佛似睹之。缁侣居者,外户不闭,财帛纵横,莫敢盗者。厨中或先尝食者,顷刻大掌痕出其面,历旬愈明。侮慢者,则长蛇毒兽随其后。所以惧神之灵,如履冰谷。"还有一些笔记小说也有相类似情景的记载,说明在唐代关羽是与鬼很有联系的凶神,这种情况应该与关公历史上战将的形象和被东吴所擒杀相关。但同时在唐代的官方祭祀中,关羽也已经作为配享者纳入了国家武庙的祭祀体

系。建中三年(公元 782 年),国家采纳礼仪使颜真卿的奏言
而有此举,但终唐一代和北宋前期,关羽在国家祭祀中的地
位并不稳固和重要。北宋中叶以后,一方面佛教、道教深入
传播,另一方面由于国家与北方民族矛盾及战事的吃紧,朝
廷才开始注意到关羽,并予以敕封。此后关羽崇拜在官方祀
典中地位有所提高,但总的说来,明代以前都不稳固,且不如
其在民间的影响大。

　　关羽形象在民间的传播和影响得益于唐宋以来三国故
事在民间叙事文本的发展及繁荣,话本、戏剧是其中最为普
遍之载体。最为著名者当为元代著名杂剧家关汉卿所写剧
本《闹荆州》、《单刀会》、《双赴梦》及武汉臣的《三战吕布》等
剧目,这些都收录于元代钟嗣成所著的金元杂剧散曲艺人之
集合名录《录鬼簿》中。影响最大者当属元末明初罗贯中写
就的中国第一部长篇章回体历史演义小说《三国志通俗演
义》(亦即《三国演义》)。这部小说出现后,至明代中叶流传
十分广泛,对社会各阶层之影响可谓巨大,关羽忠勇之形象
也因此深入民心。正因为此,关羽崇拜在官方祀典中的地位

在明中叶以后发生了较大变化,有逐渐提升之趋势。至明万历十八年(1590年),关羽被晋封为帝;四十二年(1614年),再次敕封。清朝的敕封有过之而无不及,顺治九年(公元1652年),追封其为"忠义神武关圣大帝";雍乾年间,关羽及武庙逐渐获得与孔子及文庙相当的地位,以后各代均有加封。在官方和民间的互动过程中,关羽信仰也不断传播,不但中华大地上处处兴建祠庙,甚至到一村一镇,以至于远播海外,在海外华人聚居之地,都能寻觅到关公崇拜之痕迹。目前,美国纽约、旧金山,日本神户、横滨、长崎、函馆等地,新加坡、马来西亚、泰国、越南、缅甸、印度尼西亚、澳大利亚等国,都建有富丽堂皇的关帝庙。

张飞,字益德,幽州涿郡(今河北省保定市涿州市)人氏,三国时期蜀汉名将。刘备长坂坡败退,张飞仅率二十骑断后,据水断桥,曹军无人敢逼近;与诸葛亮、赵云扫荡西川时,于江州义释严颜;汉中之战时又于宕渠击败张郃,对蜀汉贡献极大,官至车骑将军、领司隶校尉,封西乡侯,后被范强、张达刺杀。后主时代追谥为"桓侯"。在中国传统文化中,张飞以其勇猛、鲁莽、疾恶如仇而著称,虽然此形象主要来源于小说和戏剧等民间艺术,但已深入人心。

张飞在死后谥为"桓侯",前蜀追封为"灵应王"。至宋代,张飞成为宋儒着力渲染之对象,与蜀汉集团中的诸葛亮、关羽并称"三英",封称"忠显王"。元惠宗至元元年复加封为"武义忠显英烈灵惠助顺王",清光绪年间更被朝廷列为国家春秋祭祀,享受帝王级待遇。张飞勇冠三军,义释严颜,家喻户晓,虽"爱君子而不恤小人",但毕竟是性情中人,何况死得又太悲惨,这都足以使百姓敬爱、同情。因此在朝廷的追赠褒封大潮中,各地由官民共建的张飞祠庙应运而生。据学者蔡东洲先生研究,宋以前见诸现存文献在巴蜀地区的张飞祠庙有四处,分别位于成都府西七里惠陵之右、阆州刺史厅东、云阳长江南岸和梓州①。宋时,增加了四座祠庙:合州(今重

---

① 蔡东洲:《民间文化与张飞形象的演变》,载《西华师范大学学报(哲学社会科学版)》,2008年第5期。

庆合州)、遂宁府(今四川遂宁)、长江县(今属四川遂宁)、三台(今四川三台)。以后张飞祠庙诸朝有增,到清代,据记载在四川的就有十所,可见张飞信仰之策源地亦主要在四川,当然亦在其他省市有所分布,笔者认为这和宋元以后话本小说及戏曲对于张飞形象的吸收和传播有很大关系。

与其同时代的刘备、诸葛亮、关羽等历史人物一样,宋元时期说唱文学如话本和戏曲等对张飞亦进行了包装和改造,塑就了民间文本中的张飞形象。其中《三国演义》的创作和传播更是使社会各阶层充分认识与敬仰张飞的最好载体。在日益加剧的崇拜中,民间对于张飞的祭祀亦开始趋于功利与实用,已经逐渐扩展为能赐予子嗣、降雨解旱、镇御外敌、破案平冤、护城保民的全能之神,被认为"旱甘霖溢螟蝗疾疠有请辄应"。同时由于俗传张飞初为屠夫,有着平民的出身,与刘关结义之举质朴情真,亦被煮盐、屠宰、肉铺等各行业尊奉为祖师爷。现在四川地区还存在着一些由于尊崇张飞的行业职能而兴建的祠庙,如四川自贡桓侯庙,据其碑记《重建桓侯宫碑序》所载,清乾隆年间,当地屠沽行会为纪念张飞忠肝义胆,遂"募众酿金,创建桓侯庙。凡正殿及东西两廊、戏台、山门,并供神器,无不周备而肃观瞻"。后来其庙曾遭遇兵燹,成为灰烬,又经屠宰行会重修,"以每宰猪一支,照行规抽钱二百文,再行鸠工庀材,大兴土木",终于完成。落成之日,演戏酬神,会客迎宾,成为当地屠沽通声息、迎神庥,维持生计、调解行业纠纷的行帮会馆,也是行业帮会其他娱乐活动的中心。其他如宜宾李庄古镇、南溪三元街、邛崃南街的桓侯宫或张飞庙,都是当地屠宰行帮筹钱建造的行业帮会之所①。

诸葛亮(公元 181—234),字孔明,号卧龙(也作伏龙),汉族,徐州琅琊阳都(今山东临沂市沂南县)人,三国时期蜀汉丞相,杰出的政治家、军事家、散文家、书法家、发明家。在世时被封为武乡侯,死后追谥忠武侯,东晋政权因其军事才

---

① 熊梅:《巴蜀现存张飞祠庙考述》,载《西华师范大学学报(哲学社会科学版)》,2006 年第 6 期。

能特追封他为武兴王。其代表作有《出师表》、《诫子书》等。曾发明木牛流马、孔明灯等，并改造连弩，叫做诸葛连弩，可一弩十矢俱发。于建兴十二年(公元234年)在五丈原(今宝鸡岐山境内)逝世。

诸葛亮为相时，蜀国呈现出经济相对繁荣、社会相对稳定的局面，因而深受百姓爱戴。他逝世后，百姓"因时节私祭之于道陌之上"。蜀汉后主景耀六年(公元263年)诏立诸葛亮庙于沔阳(今陕西勉县)，此后不久襄阳隆中、西蜀成都等地先后出现纪念诸葛亮的被后世习称为"武侯祠"的庙宇，至宋时，诸葛亮庙宇已经在西南地区遍布甚广。但这是官方和民众对其作为一个政治家的功绩的肯定和崇拜，并未将其作为神明来信仰。其实诸葛亮在民间的成神过程主要得益于两方面的影响，一是西南少数民族地区的传说故事，二是小说野史中对他的神化及渲染，两方面相得益彰，在诸葛亮成神的历程上发挥了重要作用。

孔明一生最为人所熟知的英雄功绩自然是其文治武功，其中治理蜀地、平定南蛮的事迹在西南特别是少数民族地区广为传颂,在云南地区留下很多遗迹和传说。据万历年的《云南通志》汇集前代文献所言及民间传闻,诸葛亮遗迹涉及今24县,共42处。在云南少数民族中,皆流传着极为丰富的诸葛亮南征传说。如傈僳族的火把节就是因诸葛亮而来,该族亦将孔明奉若神明;景颇族把诸葛亮看作是人类世界的创造者,并尊称其为"孔明老爹";德昂族和佤族都认为自己是孔明的后人,佤族更称呼诸葛亮为"孔明阿公",并认为除了本民族的原始宗教物外的一切制度都是诸葛亮所定;在白族传说中,诸葛亮成了苍山脚下西洱河边天生桥西塘子铺村的本主,神号为"来安景帝"。这些少数民族地区从地理区位上来说与四川毗邻,又受过蜀汉文化播迁,应该是较为原始的诸葛亮神话之策源地之一。同时,经过长期的积淀与升华,蜀汉地区对诸葛亮的祭祀怀念已融入当地的日常风俗民情之中,包括酿酒饮茶、服饰着装等,显示了诸葛亮信仰在策源地的根深蒂固。

诸葛亮的事迹在他身后首先广泛流传于西南民间,形成各种传说,亦被《汉晋春秋》、《襄阳记》、《蜀记》等书收录,这些最初收录诸葛亮传说故事的书籍虽然从其来源上来看都有着蜀汉背景,但作为纸质载体,其流传的广度和深度在某些方面亦超过了民间口传故事,显示出载体的优越性。特别是在南朝裴松之将这些书中有关于诸葛亮的描写征引至官方正史《三国志》的注释当中,更加丰满了传主在史书中的形象,至于后来诸葛亮被后世文人编入话本、戏曲,在不断丰富着民间文化的同时,也经历了一个不断被神化的过程。而这个过程中,罗贯中的《三国演义》功劳甚著。其书被郑振铎先生评价为"虽说的是叙述三国故事,其实只是一部诸葛孔明传记"。细读《三国演义》亦可看出,罗贯中笔下的诸葛亮上知天文,下识地理;三教九流,无所不通;诸子百家,无所不晓,几乎为一个完美人物,因此才有鲁迅先生"状诸葛之多智而近妖"的判断。而《三国演义》将信史浪漫化和丰富化,成为较正史更为民众喜闻乐见的一种文化传播样式,对诸葛亮神化形象的传播起了至为关键的作用。此后,不仅是小说,就连各类戏剧等文艺形式皆对其进行神化,由形象而抽象潜移默化地对人们的思想观念产生着巨大影响。

陈杲仁，字仁盛，其先本豫州颍州人，后迁常州晋陵。其十八世祖陈实为汉代太邱长，从祖陈霸先即为陈武帝，祖陈嵩字元皎，仕陈为羽林郎，洪州建昌县令。关于其事迹，史传并不详细，只有《旧唐书》《新唐书》列传中的简略记载。从正史资料可知，陈杲仁原为隋太仆丞元祐的部将，后在岁末趁着隋炀帝杨广被杀之际，与吴兴郡守沈法兴合谋监禁元祐，起兵自立，事成后被沈法兴封为司徒，成为隋末割据江南一方的地方豪强，这是官方正史里的陈杲仁形象，记载较为简略。据叶舟先生在《民间信仰的多元图景——以武烈帝陈杲仁为例》一文中所载，最近有常州地区新发现的《毗陵鸣珂巷陈氏宗谱》以及僧德宣作于唐天宝年间的《隋司徒八绝碑》等重要资料，大略可以知道陈杲仁更详细的生平事迹，且对比前述正史记载有相当不同，可见在民间野史及口传中，陈杲仁的形象已经有了最初步之建构。总之，自从唐代陈杲仁立祠被正式列入官方祀典以后，各朝政府对他的封赐不断升级，陈杲仁也不孚众望，屡屡在关键时刻显灵，在官方、民间的互动下，最终成为江南一地颇有影响力的民间信仰。史称

"州人之出入必告,水旱祭厉必祭,征行师旅必貌神像以偕,凡有祷于庙,其应如响,故自朝及暮,具牲酒命祝史持珓以乞灵,无停晷,而欲新神庙者,虽日斥而大之弗厌也"。早在宋代,常州当地祭祀陈杲仁便已场景盛大,"隋司徒陈大帝尝以佐阴兵且破黄巢,庙食一方,至于今不废。岁时合数百千人设大祭会祠下。社中马逸,阖城惊呼,以为寇至,有狂走溺死者,州将汹惧不知所为"。明清之后,国家政局相对来说比较稳定,陈杲仁保庇乱世之功能因逐渐不被民众需求而消失,对于他的祭祀却没有废止,反倒转向娱乐性的赛会活动,成为常州当地的一个重要民俗活动,即云车戏。

云车,本为一种战车,相传为陈杲仁的兵器,其来源应该早于南朝时期,现为常州一种民间游艺活动。清代常州著名学者洪亮吉认为:"吾乡云车,相传为隋司徒陈杲仁守城时所制,不知即古云梯遗制也。墨子公输班为云梯,淮南兵略训,攻不待冲隆云梯而城拔,高诱注,云梯,可依云而立,所以瞰贼之城中。今吾乡云梯,高亦与雉堞齐。惟古法以数十人堆挽而前,今则以有力者一人肩之,为不同耳。"可见常州之民俗事项云车乃是假借陈杲仁威名而进行的一种活动。当地的云车,是用铁条和竹子制成一个大兜,四周附有装饰,兜内则坐两个化了妆的儿童,打扮成一折戏里的男女主角,由一手脚灵活、臂力过人之人掮云车;此人身穿铁背褡,背一连着铁花环的四五米长铁杆,将装着小孩的大兜牢固地绑在铁杆上,耍着各种花式。整个云车重量二百余斤,前后左右有多人护卫。从以上描述可知,其制似台阁而略有不同。

萧统(公元 501—531),字德施,小字维摩,南朝梁武帝萧衍长子。齐中兴元年九月,萧统生于襄阳。其父萧衍起兵夺取帝位,在建康(今南京)建立梁朝,次年即天监元年(公元502 年)十一月,萧统被立为皇太子。他自幼深得梁武帝喜爱,少时即有才气,熟读经书,"三岁受《孝经》、《论语》,五岁遍读五经,悉能讽诵",亦能出口成章,随兴赋诗。成年后萧统又邀集当时著名的"东宫十学士"主持编纂了《文选》,这是中国古代第一部文学作品集,选编了先秦至梁以前各种文体代表作品,对后世产生极大影响,萧统也因此被誉为"总集之祖"。昭明太子性情宽和容众,喜愠不形于色,虽身为太子,但对围绕在他身边的才学之士一直礼遇有加,经常引荐、接纳有才能学识之人。在德行方面,昭明太子以忠孝仁义著称。天监七年(公元508年)十一月,其生母丁贵嫔有疾,太子"朝夕侍疾,衣不解带",母亲去世后,他又"步从丧还宫,至殡,水浆不入口,每哭辄恸绝",原本强壮之体,在丧母后竟也变得羸弱不堪,"腰带十围至是减消过半"。萧统不仅对自己的生母尽孝,还"老吾老,以及人之老",将这份孝心广延开来,大臣陆襄母亲年将八十,太子十分关心,与萧琛、傅昭、陆杲每个月都问候陆母,并赐给她好吃的食物和华丽的衣服。昭明太子更时刻以民为重,关注民生,每逢雨雪天气,他都派身边的亲信去京城大街小巷救济贫困人家;他还经常在寒冬腊月拿出衣物布帛,施舍贫穷挨冻之人。若穷人无能力收敛,太子就替他们备办棺木。每当听说百姓劳役赋税繁重,他就面容严峻。普通七年(公元526年),昭明太子生母丁贵嫔被葬后,有个善于看墓地的道士对太子说,墓地对他不利,只有设法厌祷或可消灾,昭明听后,便将蜡鹅等厌祷之物埋在墓旁,后来被太监鲍邈之告发,太子因此而终身羞惭愤慨,与武帝之间始有嫌隙。中大通三年(公元 531 年)三月,昭明太子在后池荡舟游玩,不慎落水,被救过程中伤股,不久而亡,年仅 31 岁。梁武帝亲往哭吊,下诏用衮冕为他收殓,谥号昭明①。五月,衣冠安葬于安宁陵(今南京市中山门外北侧,一说在南京栖霞镇)。

昭明太子萧统死后,从官方到民间都对他进行了祭祀和纪念活动。先是梁武帝"幸东宫,临哭尽哀。诏殓以衮冕",并诏司徒左长史王筠作哀册文悼念;又在江西临江为其建墓,"昭明太子庙,在县东。《旧志》武帝经此,葬昭明,有庙"②。武帝死后,其子即昭明太子同母弟萧纲即位,是为简文帝,他曾作《上昭明太子集别传表》《昭明太子集序》,对太子的文章和德行推崇备至,怀着这份深深的崇敬和思念,萧

---

① 《梁书》卷八《昭明太子传》,中华书局 1973 年版。
② 《古今图书集成·职方典》卷八百九十六"梁昭明太子庙"条,中华书局、巴蜀书社 1985 年版。

纲即位后追谥昭明太子为文孝皇帝,并令州郡长官立祠祭祀①。其后昭明太子之子梁王萧詧、昭明之孙萧栋皆即皇帝位,都曾不同程度地追封昭明,总之,在梁代各地所建昭明庙、祠多是萧梁皇室为纪念昭明太子所建。

在唐代,昭明太子仍以先贤身份入祠祭祀,如"英烈庙,在彭泽县北清凉寺左。唐贞观间创,祀梁昭明太子萧统"②,又"西祠,在府城西五里,祀梁昭明太子。旧祠在秀山,唐永泰初始祀于此"③,这些祠庙为何人所建,文中并未说明。但在安徽池州地区已经有专门的庙祝掌祠堂之事,"今池州郭西英济王祠乃祀梁昭明太子也。其祝周氏亦自唐开成年掌祠事至今,其子孙今分为八家,悉为祝也"④。可见池州地区

① [宋] 司马光:《资治通鉴》卷一百六十四"太宗简文帝·大宝二年",中华书局 1956 年版;《嘉庆无为州志》卷四《舆地志·庙寺》"文孝祠"条,江苏古籍出版社 1998 年版。

②《江西通志》卷一百九《祠庙》"九江府·英烈庙"条,上海古籍出版社 1987 年版。

③《明一统志》卷十六"池州府·祠庙·西祠"条,上海古籍出版社 1987 年版。

④ [宋] 张邦基:《墨庄漫录》卷四,中华书局 2002 年版。

的昭明太子祭祀在唐时已有相当规模,有可能已经被地方政府所认可。宋代入祀标准开始发生变化,国家开始大范围地开展封赐祠宇活动,其中包括对前代祠宇的修缮补充和新的神祠的增建,在全国声势浩大的封赐神灵活动中,昭明太子的特封也被包含在内。《宋会要》载:"文孝行祠,在池州府贵池县,宋哲宗元祐四年赐额'孝',徽宗崇宁四年十月封'显灵侯'。大观元年六月封'昭德公'。政和元年三月封'英济王光尧皇帝'。绍兴三十年三月加'忠显'二字,'寿皇圣帝'。乾道三年六月加封'英济忠显广利王'。"[①]以后元明清朝廷皆有敕封,显示出官方对昭明太子德行和文学贡献的承认与崇敬。

　　民间祭祀昭明太子的活动亦肇始于梁代。昭明太子意外去世后,"京师男女,奔走宫门,号泣满路。四方氓庶,及疆徼之民,闻丧皆恸哭"。安徽池州地区乡民因感念他,在他刚去世后便"建祠于(秀)山之阿,具迎其衣冠葬焉"。唐永泰年间,池州乡民又迎太子神像于城西,建西庙以祀之,并有专门

———————

① 《宋会要辑稿》卷二十,中华书局 1957 年版。

的庙祝掌理祠事。至宋明之后,民间也有自发奉祀昭明太子的行为,主要集中于安徽、江苏、江西三省,形成了昭明太子的祭祀及信仰辐射范围。其具体表现为有关于昭明神迹神力的传颂、祠祀的建立、定期的祭祀及其演剧,都成为昭明太子信仰中的民俗事象,其中以安徽贵池的傩戏和昭明太子大会最有特色。

贵池当年叫石城,曾是昭明太子的封邑。梁天监年间,石城大旱,赤地千里,昭明太子闻讯赶来,开仓放粮,救济灾民,成为贵池人民心中的救世主。因此在当地,昭明太子备受崇祀,平常人家多在案几上供奉昭明太子木牌,其人还被乡民尊称为"土主"、"鬼神师"、"案菩萨",更是贵池傩戏中赫赫有名的神主。清光绪四年(1878年)贵池刘街桑林坑往为善写本《请阳神簿》中请神词曰:

> 伏以神通浩浩,圣德昭昭,凡有祷祈,必蒙感
> 应。有劳今年今月今日今时,传奏功曹、植符使者,
> 转奏天地三界、十方神灵、满空真宰、天下胡公、正
> 乙总管、殿前打恭十大元帅、行祠文孝昭明圣帝、二

郎七圣贤神。再运真香,一心拜请……①

而贵池桃坡星田王发清民国初年写本傩戏《摇钱记》,第十九出"众神出位",由假面和尚三人表演迎请"众位号啣神圣",其唱词为:

> 再运真香,一心拜请。拜请秀山祖殿文孝昭明圣帝、圣父萧梁武帝、生母郗氏夫人、昆仲圣贤、康罗二大将军、阳星二太保、合殿文武班尊等众。②

在这则请神词中,不仅昭明太子被恭请出位,连其父梁武帝、其嫡母郗氏、其兄弟,甚至朝臣都一体供奉,其中孕育着浓厚的宗族意识和对昭明太子崇奉之深。除了有关昭明的傩戏演剧以外,每年的农历八月十二至十八,池州还有迎文孝菩萨的民俗,当地人俗称"赛西庙"(昭明大会)。相传

---

① 王兆乾:《从贵池对昭明太子的祭祀看傩戏的形成》,载度修明、顾朴光、罗廷华、刘振国编:《中国傩文化论文选》,贵州民族出版社1989年版,第40页。
② 王兆乾:《从贵池对昭明太子的祭祀看傩戏的形成》,载度修明、顾朴光、罗廷华、刘振国编:《中国傩文化论文选》,贵州民族出版社1989年版,第41页。

农历八月十五为昭明神诞,每年八月十二日,乡民从文孝庙
迎太子神像,将其抬送至城内行宫(祝圣寺)供奉,沿途遍受
民家门前自备的"三牲"祭礼,受民众焚香朝拜,中秋日达高
潮,至十八日仍以礼乐送神像归本庙,历时整七日。昭明大
会是一场典型的"迎神赛会"民俗,其重点并不在于在本殿
举行的神诞祭礼仪式,而在巡游活动,主神到各地巡回,接
受乡民的祝贺,并赐予乡民福祉和祛除鬼厉,另外在赛会中
的表演仪式也达到了娱神娱人的效果,此俗一年一度,官民
共敬①。

冼夫人,广东高凉人氏,后嫁于当时的高凉太守冯宝。
善于结识英雄豪杰,公元550年,在参与平定侯景叛乱中结
识后来的陈朝先主陈霸先,并认定他是平定乱世之人,公元
551年,冼太夫人协助陈霸先擒杀李迁仕。梁朝论平叛功,
册封冼夫人为"保护侯夫人"。公元557年,陈霸先称帝,陈

---

① 方蓬:《昭明太子祭祀现象成因探析》,载《池州学院学报》,2010年第5期。

朝立。公元 558 年,冯宝卒,岭南大乱,冼夫人平定乱局,被册封为石龙郡太夫人。隋朝建立,岭南数郡共举冼夫人为主,尊为"圣母"。后冼夫人率领岭南民众归附,隋朝加封谯国夫人,去世后追谥"诚敬夫人"。

被周恩来总理誉为"巾帼英雄第一人"的冼夫人,公元 6 世纪出身于岭南高凉冼氏,其家族世代为南越部落首领。梁大同(公元 535—546)初,冼夫人与高凉太守冯宝联姻,扶助中原冯氏家族统治高凉地区,历事梁、陈、隋三朝,三次平定地方叛乱,当时"(岭南)数郡共奉夫人,号为'圣母',保境安民",冼夫人也因此屡受王朝册封赏赐,隋文帝册封其为"谯国夫人",身后亦多次受中央王朝加封,明清时期列入官方祀典,民间亦广立祠庙祭祀,在当地已成为"维护国家统一、民族团结"之象征。不仅如此,冼夫人信仰以粤西、海南为中心,并广及香港、马来西亚、越南等东南亚华人社会,成为联络华人情谊的民间信仰。

程灵洗(公元 514—568),字玄涤,新安海宁(今安徽休宁)人,为南朝梁陈之间崛起于新安郡的土著豪强,其史籍载于官修正史《陈书》、《周书》、《南史》及《北史》中,其中以《陈书》中的记录最为完整,其书载曰:"程灵洗,字玄涤,新安海宁人也。少以勇力闻。步行日二百余里,便骑善游。梁末,海宁、黟、歙等县及鄱阳、宣城郡界多盗贼,近县苦之。灵洗素为乡里所畏伏,前后守长恒使召募少年逐捕劫盗。侯景之乱,灵洗聚徒据黟、歙以拒景……(梁元帝授)都督新安郡诸军事……资领新安太守。"

程灵洗在南朝梁末的侯景之乱中崛起,先从梁,后投陈,成为陈朝的立国功臣之一。死后赠镇西将军、开府仪同三司,谥曰忠壮,配享陈朝祖庙,受到官方的祭祀。在他身后,当地一直流传着有关于他的神异事迹,逐渐成为徽州当地的民间俗神。但直到南宋淳熙年间之前,程灵洗还只是当地乡间一个自行设坛祭祀的社神而已,具有较为原始的民间信仰色彩。南宋时期,当地地方精英和士大夫共同推动了其崇拜的祠庙化和正统化。如南宋绍定二年(1228 年),出生于休宁汉口的官员程珌认为建于半世纪前当地祭祀程灵洗的仪同庙虽然"协顺于人心",但毕竟未得朝廷正式敕封,其正统性需要加强。于是倡议申请敕封:"里社相与合词于县,县白之州,州上于漕,漕臣以疏闻,敕赐庙号世忠。"元至正十二年(1352年),黄墩世忠庙毁于兵燹。随着明初徽州祀典的确立,程灵洗成为祀典中的神祇。"国朝洪武初,庙著于令,有司春秋致祭。"庙亦在稍后的洪武十七年(1384年)得到官府的重建:"前后二殿,各四楹两庑,门楼巍然整肃。忠壮公像居中,正室董夫人像居后,都督忠护侯文季居左偏殿前……朝廷每岁春秋二仲,郡守县令祭山川毕,率僚属诣庙致祭……里社各刻二相,春正月、秋八月,鼓乐旗伞,迎请祈赛,厥有常规。"①

汪华(公元587—649),字国辅,歙州歙县登源人。隋末大乱毅然起兵夺歙、宣、杭、睦、婺、饶六州,保六州免遭兵刃,

---

① 胡麟:《梁将军程忠壮公碑》,见程敏政:《新安文献志》卷61,上海古籍出版社1987年版,第6页。转引自章毅《宋明时代徽州的程灵洗崇拜》,《安徽史学》,2009年第4期。

得割据之实，为政宽宏，政清人和，且尽力调和土著与移民之间矛盾，史称"镇静地方，保境安民"，使六州百姓得以安居乐业，唐官拜歙州都督、越国公。

作为一位保境安民的英雄人物，汪华得到了徽州人民的爱戴和朝廷的肯定。宋人罗愿《新安志》曰："贞观二十三年，父老请建祠堂于厅事之西。大历十年，刺史薛邕迁于乌聊东峰。元和三年，刺史范传正迁于南阜，即今庙是也。中和四年，刺史吴圆克荷冥应复新栋宇，按今乌聊之祠。相传云邕尝以王功德奏闻，奉敕立庙然。"这说明汪华作为一地保护神已经得到了朝廷的封赐与地方官府的许可。宋两百余年间，汪华先后受封十次，以后愈加尊崇，至明洪武四年四月被敕封为"汪公圣主洞渊大帝"。弘治《徽州府志》卷五《祀典·祠庙》载，徽州六邑"忠烈行祠以祀唐越国汪公华，各乡多有之"，皆为地方民众对汪华的感念和崇拜。

唐宋时期逐渐形成了汪华的神话故事，到郑弘祖整理汇编成《新安忠烈庙神纪实》，其中《越国公行状》及四十二件灵应事迹中保存了许多汪公的神话故事。其大致情节以神化汪华身世、塑造其保境安民之职能为主,后世将汪华视为"新安之神"、"徽州土主","每有兵警辄赖王神威攘却,即暴者至境咸震慑不敢逞,民或以安",充分显示其地方保护神的职能所在。因此,徽州人也由衷崇敬这位乡土伟人,不但其庙宇祭祀、行祠社屋遍布,尊其为"汪公大帝"、"太阳菩萨",而且每年定期祭祀,更显虔诚。如绩溪每年一度,从正月十八汪公大帝诞辰日起,到二月十五日花朝日结束,轮流地每年一村进行对汪公的祭祀活动,与汪公同列为神祭拜的还有俗称为"太子老爷"的第九子。祭祀期间,家家户户张灯结彩,杀猪宰羊,好不热闹。其中最为壮观的当为游神巡境活动,即将村庙中的汪公主神抬出来,辅以各种仪仗及娱乐队伍,巡游村庙所在的社区全境,使得全体社群都可以沾到神之福气。

◎　隋唐史传

李靖(571—649),字药师,雍州三原(今陕西省三原县东北)人。隋末唐初将领,文武兼备的著名军事家。他善于用兵,长于谋略,原为隋将,后效力李唐,为唐王朝的建立发展立下赫赫战功,南平萧铣、辅公祏,北灭东突厥,西破吐谷浑。封卫国公,世称李卫公。去世后谥曰景武,陪葬昭陵。著有数种兵书,惟多亡佚。

作为唐朝有名的开国元勋,李靖生前战功赫赫,死后在百姓的传说中也经常显灵,为百姓救危解厄,因此在朝廷和民间都享有崇高的声誉,在他生前和逝后全国都陆续建立祠堂,纪念这位名将。李靖祠庙自唐代始建,宋元明清新建重修者不绝,据学者查阅不同时期近千种方志资料的统计,全国共有十四省五十六州县建有各式李靖庙宇,甚至有的县下的几个镇分别建有祠庙,无论从广度还是相对密度上都可称得上是蔚为大观。这些地区绝大多数李靖祠庙的修建,与名将一生的活动有着密不可分的联系。如陕西三原县作为李靖的出生地,李卫公祠位于县治西北,宋建,"内配祀左李公甫,右马云岩二先哲像,春秋致祭"。①山西和山东

①《雍正陕西通志》卷28。

相传是李靖年轻时读书、游历的地方。山西沁县峡石村之庙因李靖"从文中子讲王霸之略，流寓铜鞮，因庙祀之"。至于山西潞城、山东临朐等地的李靖祠庙的建立，都是因为传说中李靖微时读书与游历之地。至于两湖、江浙、河南、河北、江西及广西等地，皆为李靖当年南征北战所到之地，因此当地的李靖庙建立多与名将的军事活动有关。如湖北石首李卫公祠之立，即因"昔李靖取江陵，破萧铣，屯兵于此，后人祀之"。①浙江安吉辅世忠烈王庙，在县西落石山，"武德讨丹阳时，安吉隶其郡，乱弭暴口，居民安堵，民菏德泽，建祠邑西玉磬山"。②"安吉旧隶、丹阳巨盗既平，邑人感王之德，乃即邑之西山，塑像立祠奉祀。"③李靖在历代官方祀典中的地位的确立自不必说，在所有的民间祠祀中，李靖祠庙几乎全部列于专祀或群祀，说明这种民间行为得到了官方的认可。李靖祠庙之所以能在民间广受推崇，主要是

①《大明一统志》卷62。
②［明］周良：《安吉县祈雨有感记》，载《同治安吉县志》卷14。
③［宋］沈枢：《辅世忠烈王庙记》，载《乾隆重修浙江通志》卷220。

由于神具有实用的功能，即主要在天气、虫害及疾病方面的护佑功能。当然这些功能与民间传说和文人叙事中对李靖神力之塑造有关。如唐代传奇小说集《续玄怪录》中曾提到过李靖替龙行雨的故事，当然这与唐代以后佛教龙王的兴盛也有联系。总之，各地都有李靖祠庙求雨、除虫等祈愿灵验之记载与传说，这更加速了李靖崇拜在农业社会的发展。

秦琼，字叔宝。汉族，齐州历城（今山东济南）人。唐初著名大将，勇武威名震慑一时，是一个能闯入敌阵取敌将首级的人物，但也因此弄得浑身是伤。曾追随唐高祖李渊父子为大唐王朝的稳固南北征战，立下了汗马功劳，因其功居于凌烟阁二十四功臣之一。在隋唐以后的小说里，秦琼的形象不但由武将演变为稳重老成、俊秀的儒将形象，最重要的是，在民间神灵系统里他和唐代另一位名将尉迟恭被奉为颇为重要的家宅保护神——门神。以武将作为门神形象的风俗由来已久，但明确将这两位作为门神，当是元明时期的事情了。《三教源流搜神大全》载：

> 门神乃是唐朝秦叔宝、胡敬德二将军也。按传，唐太宗不豫，寝门外抛砖弄瓦，鬼魅号呼，三十六宫七十二院夜无宁静。太宗惧之，以告群臣。秦叔宝出班奏曰："臣平生杀人如剖瓜，积尸如聚蚁，何惧魍魉乎！愿同胡敬德戎装立门以伺。"太宗可其奏，夜果无警。太宗嘉之，谓二人守夜无眠，太宗命画工图二人之形象全装，手执玉斧，腰带鞭链弓箭，怒发一如平时，悬于宫掖之左右门，邪祟以息。后世沿袭，遂永为门神。

这是目前所知的关于秦琼尉迟恭作为门神的最早记录。明代以后，门神故事逐渐流传开来，明人笔记小说和神仙书籍中都有类似记载，民间也形成了"画秦叔宝尉迟敬德之像，彩印于纸，小户贴之"的习俗，两人逐渐"打败"了以前的门神，成为声望最高、影响最大的家宅保护神。

同为凌烟阁功臣的尉迟恭（585—658），字敬德，鲜卑

族,朔州平鲁下木角人,封鄂国公,赠司徒兼并州都督,谥
忠武,赐陪葬昭陵。尉迟恭纯朴忠厚,勇武善战,一生戎
马倥偬,征战南北,驰骋疆场,屡立战功,在玄武门之变助
李世民夺取帝位。值得一提的是,尉迟恭不但是门神,又
因相传他曾做过铁匠,故被封为铁匠的祖师爷,又称"炉
火神"。

韩愈(768—824),字退之,唐代著名文学家、哲学家、思
想家、政治家,河南河阳(今河南孟州)人,祖籍河南省邓州
市,世称韩昌黎,晚年任吏部侍郎,又称韩吏部,谥号"文",又
称韩文公,唐宋八大家之一。韩愈贞元八年(公元792年)及
第,先后为节度使推官、监察御史,德宗末因上书时政之弊而
被贬。唐宪宗时曾任国子博士、史馆修撰、中书舍人等职。
元和十四年(819年)因谏阻宪宗奉迎佛骨被贬为潮州刺史。
穆宗时历任国子祭酒、兵部侍郎、吏部侍郎、京兆尹兼御史
大夫。
　　韩愈刺潮仅短短八个月时间,在驱鳄求雨、关心生产、推

行礼治、以儒学兴化上所表现的勤政爱民、关心民瘼的为官之道和入世精神，备使潮州人感动，并对潮州的文教事业产生了深远而不可磨灭的影响。他治理潮州的时间虽然短暂，但作为潮州人文化象征的精神和思想却得以长期地、潜移默化地促进了潮州社会文化的发展，对当地的人文社会有着突破性的贡献。到了宋代，作为唐朝时人的"老爷"韩愈最终被神化为神。潮州通判陈尧佐立韩文公祠乃"以风示潮人"。至和元年（1054 年），知州郑申重建韩祠，元祐五年（1090年），刺史王涤建"昌黎伯韩文公庙"，苏轼为之撰写《潮州昌黎伯韩文公庙碑》，碑文言："潮人之事公也，饮食必祭，水旱疾疫，凡有求必祷焉。"

双忠，又称"双忠神"、"双忠公"。一般来说，指的是唐朝肃宗至德二年（757 年）时，死守睢阳而身殉安史之乱的张巡、许远，这两位忠臣被奉为神明。从华北、江淮到福建、两广都有香火奉祀，在闽南安溪昵称为"尪公"。

张巡（708—757），汉族，唐朝蒲州河东（今山西永济）①人。许远(709—757)，字令威，杭州盐官(今浙江海宁西南)人，历仕侍御史、睢阳太守。据史书记载，唐至德二年间，时任河南节度副使的张巡与睢阳太守许远率领睢阳城(今河南商丘)军民与安禄山叛军展开了一场殊死抗战，死守睢阳达十月之久。由于兵力悬殊，援军不至，粮草断绝，最终寡不敌众，睢阳失守，张、许二人也为国殉难，这就是中国古代史上最惨烈的战役之一的"睢阳之战"。睢阳失守三日后，援军至，历七日睢阳收复。睢阳保卫战虽然最后城破人亡，但却赢得了时间，为平息叛乱、匡复唐室，使江淮黎民免遭劫难立下了不朽功勋。

"安史之乱"平定后，率军收复睢阳的中书侍郎兼河南节度使张镐请求旌表张巡、许远，经过一番争论，唐肃宗下诏在睢阳立庙祭祀张、许二人，崇祀"双忠公"自此开始。唐代以后，确立张巡、许远信仰在官方祀典中的正统地位一直没有

---

① 关于张巡籍贯，《旧唐书》本传载为蒲州河东，《新唐书》本传载为邓州南阳，《旧唐书》早出，应以为准。后人也多采《旧唐书》所载，如《全唐诗》、乐史《太平寰宇记》即是。

动摇,历朝还不断地册封、加封,不断地强化。尤其是清王朝,对二公给予了空前的推崇。顺治二年礼部奏准"例祀历代帝王"时,张、许二公已经名列配祀北京历代帝王庙的41位历朝名臣之中,并在全国各地增加了许多列入王朝祀典的祭祀张巡、许远的庙宇。这就使二公事迹和精神得到更为广泛的传播,成为"忠义报国"的楷模,成为官员、乡绅用于动员百姓的信仰资源。唐代关于双忠二公的祭祀主要集中在作战战场睢阳地区。宋元时期,官民祭祀促使该信仰内涵转变,由唐代的忠臣祭祀转而具有厉鬼祭祀的特征。由于宋代道教的兴盛与发展,"双忠"也因其事迹与英灵神的特质被纳入道教神灵体系,职司东岳。同时,在多种因素的影响下"双忠"信仰向江淮与东南地区传播,但在宋元时期,张巡祭祀一直占主流。直到明代,朱元璋在鄱阳湖地区进行造神运动,张巡、许远亦被正式纳入官方祀典;由于民间文学的塑造,张巡转变为斩鬼张真君之形象,丰富了明代神魔小说与文学创作,当时东南地区的双忠祠庙在数量上也大大增加。清代,双忠成为江淮航运的职能神及江西鄱阳湖地区的水神,其中张巡信仰在该地区与地方土神张抃产生了混同,成为具有江西地方特色的俗神。①

胡则(963—1039),字子正,北宋永康人。少果敢有才气。宋端拱二年(989年)考取进士,为婺州有史以来第一个取得进士功名的文人。他一生做了四十年官,继任太宗、真宗、仁宗三朝,先后知浔州、睦州、温州、福州、杭州、陈州,任尚书户部员外朗、礼部郎中、工部侍郎、兵部侍郎等官职。力仁政,宽刑狱,减赋税,除弊端。明道元年(1032年)江淮大旱,饿死者众,胡则上疏求免江南各地身丁钱,诏许永免衢、婺两州身丁钱。两州之民感其德,多立祠祀之。

纵观胡则的一生,在宋初政治中并未有卓越表现,但因长期在地方上做官,较能从现实出发,在国家既定方针下做些改善人民生活的变通,因此受到其服务区域百姓的爱戴。

---

① 何方、王元林:《概述唐至清时期"双忠"信仰的流变与地域扩展》,《兰台世界》,2012年第15期。

史称胡则为人"果敢有才气","喜交结,尚风仪",但无"廉名",时人亦评价他"奸邪贪婪闻天下",貌似并非中国传统文化中的神圣形象。但由于他是衢、婺两州老百姓心目中的乡贤,又因其生前多在南方做官,在当地有着极为深厚和广阔的社会人际网络,因此在其死后,由于传说神迹故事的不断累加,而成为当地百姓心目中的神。从宋人的记载来看,有可能在胡则生前,因其"尝奏免衢、婺身丁钱,民被其赐,庙祀于衢、婺之间",但"庙初未有封爵",并未得到政府正式承认和敕封。宣和年间(1119—1125),距胡则去世已八十余年,当时在南方爆发了方腊起义,但终被剿灭,当时流传有神人襄助,此神人即为胡则,因此朝廷"褒嘉为建庙"。宣和四年(1122年),胡则被封为佑顺侯,成了方岩山的山神,然永康县民尤其是当地大姓胡氏家族深感不满,"阖邑之士,状于有司……力请正名"。南宋以后数年间,不断封爵、赐额、修庙。就目前资料来看,胡则受朝廷封赐仅限于宋代,其后元明清代再无封爵记载,但当地民间已经自发地将胡则称为"胡公大帝",这是民间造神的结果。自从方腊起义一事有胡公神

迹显现后,其灵验的传说就不断地得到丰富。隆兴元年
(1163 年),胡则已是"若水若旱,若疫若疠,有求无不应,有
祷无不答"的万能神。在地方势力的努力下,他们所倡导的
神祇逐渐在民众和政府两个层面上都得到承认。随着胡公
神迹的不断涌现,各地奉祀胡则的祠庙纷纷建立,胡则崇拜
在地域上迅速扩展。元时,胡公之别庙"布满于郡境,不啻数
十百区"。明清以后更有增建,"浙东千里,几无一邑一乡无
公庙",除了金华地区,"暨绍台温州处诸郡公庙以千百计"。
民国时期胡公信仰在浙江地区也十分普遍,1949 年以后有
所衰落,近年来又开始热闹起来。永康高镇村一带盛行六年
一次轮流接送"胡公大帝"的习俗。凡轮到这年,即大吉大
喜,故要组织庞大的朝山进香队伍。前导为鼓乐案旗(画有
龙纹的旗帜,旗上署有地名),接着是身背大刀、手持锐叉、盾
牌、棍棒的午年罗汉队;跟着有"十八蝴蝶"、"高跷"、"十八狐
狸"、"三十六行"、"莲花落"、"九曲珠"等娱神节目,再后是由
一人扛一用樟木雕成的方岩山景、寺院大殿和"胡公"神像。
头戴彩花,服饰新颖的信徒们紧随其后,游行队伍浩浩荡荡

十分壮观。①

　　包拯(999—1062)，字希仁，汉族，北宋庐州(今安徽合肥)人，天圣进士。累迁监察御史，建议朝廷练兵选将、充实边备。奉使契丹还，历任三司户部判官，京东、陕西、河北路转运使。入朝担任三司户部副使，请求朝廷准许解盐通商买卖。改知谏院，多次论劾权幸大臣。授龙图阁直学士、河北都转运使，移知瀛、扬诸州，再召入朝，历权知开封府、权御史中丞、三司使等职。嘉祐六年(1061 年)，任枢密副使，后卒于位，谥号"孝肃"。

　　在中国，包拯是一位有着广泛且深远影响的历史公众人物。早在宋代，包拯就有很大的声望，当时人称其"声烈表爆天下人之耳目，虽外夷亦服其重名"。南宋时则称其"闾里童稚妇女，亦知其名"，或谓"名赛宇宙，小夫贱隶，类能谈之"。

---

① 关于永康高镇村的迎"胡公大帝"习俗相关资料来自：http://baike.baidu.com/link? url=McLuByrx5MQfFrmZGBP7o2593XZloxOKpiJrLzOSjRm5nzFaStUGGh4NPs8kH4KCToaInjYKm1kYJoCeQs7Vkq

包公曾在天长、端州（今广东肇庆）、瀛州（今河北河间）、扬州、庐州、池州、江宁府、开封府等地任职，这些地方留有包公的很多遗迹和传说，到后来包公越来越被神化，走入了民间神话之文本。

最早记载包公为神的是金代元好问《续夷坚志》卷一《包女得嫁》条：

> 世俗传包希文以正直主东岳速报司，山野小民无不知者。庚子（1180）秋，太安界南征兵掠一妇还，云是希文孙女，颇有姿色，倡家欲高价卖之，妇守死不行，主家利其财，捶楚备至、妇遂病。邻里嗟惜而不能救。里中一女巫私谓人云：我能脱此妇，令适良人。即诣主家，闭门吁气，屈伸良久，作神降之态。少之，瞑目咄咤，呼主人者出，大骂之，主人具香火俯状请罪，问何所触尊神？巫又大骂云：我速报司也，汝何敢以我孙女为倡，限汝十日，不嫁之良，吾灭汝门矣！主人百拜谢，不数日嫁之。

　　五岳都是道教名山，东岳泰山，速报司是道教神权机构之名称，掌权的是包公，女巫或男巫（即乩童）都是道教的信仰实践者和传播者，可见最早奉包公为神的是道教。

　　包拯能成为家喻户晓的社会公众人物和神，还得力于民间流行的小说话本和戏曲中所创造的艺术形象。宋代工商业发展，市民群体开始形成，为适应这一阶层的精神生活需求，一种表述接近口语的白话小说"话本"应时而生，同时戏曲亦迅速发展起来。为了满足市民阶层的欣赏需求，这两种民间文艺之内容以婚姻爱情和狱诉公案为多，成就也最大。由于包拯生前的职位与公案有非常大的联系，因而很快成为公案小说或戏曲之绝好原型。据学者归纳，中国古代有关于包公案的文本从宋代以来日益增加，其小说文本从现今可见的两篇简单的包公案宋元话本，飞跃到明代几本成百则故事的大部头包公案短篇小说集，以至清代一百二十回的长篇小说《三侠五义》；而戏曲文本从现存一种包公案宋金戏文和十一种元代包公杂剧，飞跃到明清时代的十种包公案传奇剧，以至于地方戏中众多的包公剧目①。随着包拯故事话本和戏曲的不断出现，包拯人物形象的塑造也不断丰满成熟，艺术感染力渐趋强烈，大众共同塑造了一个满足通俗文化口味和精神需求的家喻户晓的公众人物。

岳飞（1103—1142），字鹏举，宋相州汤阴县（今河南安阳汤阴县）人，中国历史上著名的军事家、战略家、民族英雄，位列南宋中兴四将之首。他于北宋末年投军，从1128年遇宗泽起到1141年为止的十余年间，率领岳家军同金军进行了大小数百次战斗，所向披靡，"位至将相"。1140年，完颜宗弼毁盟攻宋，岳飞挥师北伐，先后收复郑州、洛阳等地，又于郾城、颍昌大败金军，进军朱仙镇。宋高宗、秦桧却一意求和，以十二道金牌下令其退兵，岳飞在孤立无援之下被迫班师。在宋金议和过程中，岳飞遭受秦桧、张俊等人的诬陷，被捕入狱。1142年1月，岳飞以"莫须有"的"谋反"

① 杨芷华：《演为说唱，继往开来》，《河南大学学报》，1993年第2期。

罪名与长子岳云和部将张宪同被朝廷杀害。宋孝宗时岳飞冤狱被平反，改葬于西湖畔栖霞岭。后又追谥武穆、忠武，追封鄂王。

岳飞是南宋最杰出的统帅，他重视人民抗金力量，缔造了"连结河朔"之谋，主张黄河以北的抗金义军和宋军互相配合，夹击金军，以收复失地。岳飞治军，赏罚分明，纪律严整，又能体恤部属，以身作则，他率领的"岳家军"号称"冻杀不拆屋，饿杀不打掳"。金人流传着"撼山易，撼岳家军难"的名句，表示对"岳家军"的最高赞誉。岳飞反对宋廷"仅令自守以待敌，不敢远攻而求胜"的消极防御战略，一贯主张积极进攻，以夺取抗金斗争的胜利。他是南宋初唯一组织大规模进攻战役的统帅。岳飞的文学才华亦为将帅中少有，他的不朽词作《满江红·怒发冲冠》是千古传诵的爱国名篇，另有《岳忠武王文集》传世。

岳飞被害后，直到隆兴元年（1163年）主战的孝宗继位，才追复其原官及田宅，宣告无罪。但因为高宗仍旧健在，高坐太上皇宝座，在背后主持大政，孝宗还不敢公开追悼岳飞。

直到淳熙五年(1178 年)高宗已老,朝臣亦非旧人,孝宗才正式追谥岳飞为武穆。然岳飞庙正式置立则是在之前的乾道六年(1170 年)应湖北鄂州(今武昌)地方人民的请求,遂立庙,诏给"忠烈庙"额。之后庙祀逐渐普及全国,经蒙赐庙额者,继鄂州之后,为杭州之"忠烈庙"与岳飞家乡汤阴县之"精忠庙",并明定祭时祭礼。

岳飞功勋卓著但含冤而死,不但在官方政府的加封中极尽殊荣,且最重要的是在民众心中留下了忠义、爱国而又儒雅的形象。关于他的传说和故事不断在民间蔓延开来,特别是经过市井民众或者文人共同加工创造的说书故事,为岳飞信仰在民间的流布提供了文本载体,同时也体现了广大民众对于岳飞的认识。南宋末年,岳飞故事已经成了民间文艺题材,通过说书这种民间口传形式,岳飞形象得到了弘扬和有效地塑造,进入民众百姓的视野。南宋后期,临安瓦舍中说书人《醉翁谈录》卷首即曰:"也说黄粱拨乱天下,也说赵正激恼京师。说征战有刘、项争雄,论机谋有孙、庞斗智。新话说张韩、刘、岳;史书讲晋、宋、齐、梁……说国贼怀奸从任,遭愚夫等辈生懊;说忠臣负屈衔冤,铁心肠也须下泪。"从中可以看到,这一时期岳飞在民间民众心目中的形象是一位被冤屈的忠臣。后元人杂剧中也开始出现岳飞的戏曲形象,如孔文卿的《东窗事犯》主要描写秦桧丧心病狂地迫害岳飞,致使其冤死,在岳飞死后,秦又千方百计地掩饰罪行,最后在阴间得到报应,而岳飞父子三人则升天为仙,岳秦之间的恩怨得以了断。从故事情节来看,在题材的处理上基本回避了岳飞抗金的事实,而把他塑造成一个正气凛然、忠孝两全、壮志难酬、负屈含冤的英雄形象,当然在创作中吸收了民间传说中的养分,亦充分表现出人民对英雄的深切爱戴,故此在舞台上久演不衰,长期留存。

岳庙在明代虽已是全国性的祠祀,但就其总体数量和分布而言,主要集中在少数几个地区,如河南、江浙与湖广。河南汤阴是岳飞的家乡所在,江浙为当时南宋首都临安近畿范围。明代的承天府(即今湖北钟祥),在宋代称郢州,岳飞和郢州的关系十分密切。绍兴四年(1134年)五月间,岳飞先后于湖北克复郢州、随州(今随县)及襄阳。同时积极建设当地,厚植军力之基础,两奉御札,奏覆留守襄阳等郡及措置营田事宜。札曰:"若姑以目前论之,襄阳、随、郢,地皆膏腴,民力不支,苟行营田之法,其利为厚。"当时南宋诸将领贤者如韩世忠、刘锜等,多只有应战而乏收复之功,在此方面岳飞是独具政绩。因此鄂州人民对岳飞的忠义崇拜之外,亦另怀有一份真挚的感情,当年岳飞冤死后,春熙年间鄂州即建有岳飞庙。时人王自中撰之《岳武穆庙记》,除了记载当地岳庙建立始末外,还述及了当地人民对岳飞的印象。从记载可以看出,鄂州百姓对岳飞非常感念,在他蒙冤而死之后,"江湖之民,至今绘其像,家家奉祀"。逐渐地,岳庙成为当地的一个公共活动空间,岳飞信仰也在当地居民的生活中起到了一定的影响。

朱熹(1130—1200),字元晦,一字仲晦,号晦庵,晚称晦翁,又称紫阳先生、考亭先生、沧州病叟、云谷老人、逆翁、谥文,又称朱文公。祖籍南宋江南东路徽州府婺源县(今江西省婺源),出生于南剑州尤溪(今属福建省尤溪县)。南宋著名的理学家、思想家、哲学家、教育家、诗人、闽学派的代表人物,世称朱子,是孔子、孟子以来最杰出的弘扬儒学的大师。朱熹是程颢、程颐的三传弟子李侗的学生,家境穷困,自小聪颖,弱冠及第,绍兴十八年(1148年)中进士,历高孝光宁四朝。于建阳云谷结草堂名"晦庵",在此讲学,世称"考亭学派",亦称考亭先生。承北宋周敦颐与二程学说,创立宋代研究哲理的学风,称为理学。其著作甚多,辑定《大学》、《中庸》、《论语》、《孟子》为四书作为教本。

　　朱熹在绍兴二十三年(1153年)七月赴任泉州同安县主簿,任职期间对当地的文化教育产生深远影响,因此在他去世以后南安士民"因感戴朱子文化之德",为其立祠,并在祠内创办观海书院[①]。另外,朱熹于南宋绍熙元年(1190年)出知漳州,虽然时间仅一年,但在当地正经界、蠲横赋、敦风俗、播儒教,颇有政声,获得漳州吏民的一致赞誉,故当地流传着许多关于他的民间故事。在这些民间传说中,朱熹是一个心

---

① 许一民:《弘扬朱子文化　振兴桑梓教育——南安市水头镇朱子祠教育奖学基金颁奖》,载《泉州师范学院学报》,2007年第1期。

系黎民的州官、循循善诱的儒师、神仙道人和江湖术士,当地许多自然风物都与朱熹有关,丰富了他的历史形象。明清时期,随着闽学在台湾的传播,朱子祠也移至台湾。在当地的朱子祠有春秋两祭,祭祀时,地方官员正冠素袍,备办牲醴果品,三跪一拜。此外,台湾很多孔庙、妈祖的正殿亦配享朱子,有时祭祀完了主神如孔子或妈祖之后便祭祀朱熹。祭祀朱子,目的是提倡朱熹的读书精神,直到今天,台湾民众对朱子还是崇拜有加①。

徽州是朱熹故里,在南宋末年徽商开始崛起之时,朱熹就与之有着很深的渊源,在徽州本土和海内经商居留之地,徽商都非常热心地建朱子祠庙,在徽商会馆和公所供奉朱夫子木主,按时祭祀。明万历时期浙江的尊文书院、湖北汉口的新安会馆、杭州的紫阳书院,清代景德镇的新安会馆、吴江盛泽镇的徽宁会馆及芜湖、临清、扬州、淮安、九江、饶州、湖州等地的徽商会馆、公所,无不崇朱熹为神灵,朱熹不仅是徽商地域归

---

① 罗小平:《台湾朱子祠考略》,载《两岸关系》,2005 年第 8 期。

属感的一种表征,而且也成了徽商精神思想的归依①。

◎ 明清史传

刘基(1311—1375),字伯温,谥号文成,青田县南田乡(今属浙江省文成县)人,元末明初杰出的军事家、政治家、文学家,明朝开国元勋。明洪武三年(1370 年)封诚意伯,武宗正德九年追赠太师,谥号文成,后人又称他刘青田、诚意伯、刘文成、文成公。刘基通经史、晓天文、精兵法。他辅佐朱元璋完成帝业、开创明朝,并尽力保持国家的安定,因而驰名天下,被后人比作诸葛武侯,朱元璋多次称刘基为"吾之子房也"。在文学史上,刘基与宋濂、高启并称"明初诗文三大家"。中国民间广泛流传着"三分天下诸葛亮,一统江山刘伯温;前朝军师诸葛亮,后朝军师刘伯温"的说法。他以神机妙算、运筹帷幄著称于世,但因为自身经营以及外界渲染的过度神化和襄助

---

① 方利山、汪大白:《朱熹与徽商》,载《黄山高等专科学校学报》,2002 年第 1 期。

朱元璋开国的巨大贡献,受到朱元璋和其权臣的嫉妒和猜忌,最终没能逃脱被迫害的命运,连死因也成了不解之谜。后人因其博学多才、学贯天人而尊崇之,又因其命运多舛而同情他,从上层统治者到文人雅士,直至下层民众,巫觋术士神化他,因此他的传说和故事,在其死后仍在民间流传甚广,影响甚大。由于各种原因,刘基后裔迁居到外地者也愈加增多,为祭祀祖先,纷纷集资兴建庙宇。据不完全统计,仅浙南地区就有十余处,较大的有三处,如莒溪刘基庙,位于温州苍南县,该庙为刘基六世孙刘启宪迁居莒溪后,于明弘治十一年(1498 年)兴建。又有位于丽水富山的"开国元勋祠",由当时出任处州指挥卫的禄及处州知府潘润等人于嘉靖七年(1528 年)利用三官庙废址兴造,后在战争中损毁。还有位于温州瑞安仙岩镇穗丰村"诚意伯庙",建于明嘉靖年间,此地为刘基次子刘璟子刘骁迁居之地,原为刘姓宗祠,后改称"刘基庙"[1]。随着刘基庙在各地的相继

---

[1] 叶耀章:《浙南各地刘基祠庙综述》,吕立汉等主编:《刘基文化论丛 2》,延边大学出版社 2007 年版,第 242—243 页。

建成,祭祀活动的地域也相应不断扩大,并逐步走向正规,客观上推动了刘基在民间的影响力。同时,野史稗乘、民间传说、小说戏曲等文学体裁不断地加剧刘伯温的神化程度,刘伯温传说除了神机妙算、传奇人生等母题的加深,还衍生出了关爱民生、除暴安良的民众祈愿,最后竟成了风水堪舆业、相面业、糖人担、香菇业等中国传统或地方行业的祖师神。明朝覆灭后,明遗民不甘心被满清政府统治,在清初创立了名为"天地会"的民间秘密宗教组织,该会将诸葛亮和刘伯温奉祀为军师,在祭坛上供奉其宝塔神位;清朝末年,在国家苦难、民族危亡之际,又有爱国进步人士借助刘伯温"预言大师"、"民族英雄"之威名编造了谶纬诗文《刘青田碑文》,以鼓舞民众士气,为义和团运动造势。抗日战争爆发初期,为鼓舞民众的抗日热情,又有人借托刘基之名,造"明代青田刘基预言之回天碑一方"曰:"回天碑,起七七,终七七,冀、宁、粤、汉,暗无天日,引胡深入,一鼓歼灭,吴越英杰,努力努力。青田刘基题"[1]是为刘伯温信仰的积

---

[1]《申报》,1938 年 12 月 5 日。

极功能。

郑和(1371—1433),原姓马名和,小名三宝,又作三保,云南昆阳(今晋宁昆阳街道)宝山乡知代村人。中国明代航海家、外交家、宦官。郑和出身于云南的一个贵族家庭,洪武十三年(1381年)冬,明朝军队进攻云南,马和仅十岁,被明军副统帅蓝玉掠走至南京,阉割成太监之后,进入朱棣的燕王府。永乐元年(1403年),姚道衍和尚收马和为菩萨戒弟子,法名福吉祥。在靖难之变中,马和为燕王朱棣立下战功。永乐二年(1404年),明成祖朱棣在南京御书“郑”字赐马和郑姓,以纪念战功,史称“郑和”。并升任为内官监太监,官至四品,地位仅次于司礼监。郑和有智略,知兵习战,明成祖对郑和十分信赖。1405年至1433年,郑和七下西洋,完成了人类历史上伟大的壮举。宣德六年(1431年),钦封郑和为三宝太监。宣德八年(1433年)四月,郑和在印度西海岸古里去世,赐葬南京牛首山。郑和收纳长兄马文铭之长子为嫡,名郑文铭,字恩来,世袭锦衣卫千户,居南京三山街(今马府街)马府。清朝太平天国时期,马府毁于战火,室家荡然无存。郑和后裔至今已传至第 21 代。

在中国,郑和在人们心目中是一位伟大的航海家,他七下西洋的伟大壮举,妇孺皆知。在东南亚许多国家,尤其是在华侨华人心目中,三宝公郑和是他们最为崇敬的人,已成为东南亚民众心中的神灵。在南洋,有许多与郑和有关的山水、建筑与寺庙,记载了郑和当年的足迹与活动,人们在这些山水、建筑与寺庙前面加上郑和小名"三保"(又称"三宝"),以此纪念与缅怀郑和船队当年的壮举。这些古迹亦往往被当地华人赋予灵性,成为人们膜拜祈求的对象。这些古迹与当地兴建的三宝庙、三宝寺等都成为神化郑和的一个重要象征,说明郑和在东南亚移民中的形象已经从历史人物转变成为具有超自然能力的保护神,甚至与航海女神妈祖并列。当地华侨社会已经形成并固化的一些节日与民俗仪式,延续与强化着郑和崇拜。如印尼爪哇华侨每逢农历六月三十日郑和船队首次登陆爪哇纪念日,都要举行盛大的迎神出巡活动来祭祀郑和。活动期间,人们抬着郑和神像,一路锣鼓喧天,爆竹齐鸣,热闹异常。在马来西亚丁加奴,每年农历六月二十九也都举办盛大活动来庆祝郑和诞辰。东南亚各地还盛行许多关于郑和的灵迹传说,如关于三指鱼的传说、暹罗北大年卧佛的传说、豆芽变巫文的传说、印尼邦加岛脚印的传说、马来虎叫声的传说、大鲸鱼迎宝船的传说、榴莲果的传说及一些与郑和有关的民俗习惯与禁忌[①],更显示出了郑和崇拜已经渗透到当地居民的生活中,成为一种"信仰的生活"和"生活的信仰",而这一切都与郑和在航海史和文明史上的巨大贡献有关。

戚继光(1528—1588),字元敬,号南塘,晚号孟诸,卒谥武毅。山东登州人,祖籍安徽定远,生于山东济宁。明代著名抗倭将领、军事家,官至左都督、太子太保加少保。戚继

---

① 施雪琴:《郑和形象建构与中国——东南亚国家关系发展》,载《海南师范大学学报(社会科学版)》,2011 年第 5 期。

光出生于明朝中叶嘉靖年间,当时我国东南沿海的倭患十分严重,北部亦经常受到蒙古的侵扰,但明朝廷比较重视"北虏"(蒙古),认为蒙古骑兵比东南倭寇的威胁更大。然而戚继光敏锐地觉察到了东南倭寇海盗对人民生命财产和国家安全的潜在影响,他自明嘉靖三十二年(1553年)被提升为都指挥佥事都,管理山东沿海二十五卫所开始,整顿卫所,训练士卒,严肃纪律,使山东沿海的防务大为改观。从嘉靖三十四年(1555年)至隆庆元年(1567年)十二年期间,率军于浙、闽、粤沿海诸地抗击来犯倭寇,大小八十余战,终于扫平倭寇之患,是中国民众心目中的"民族英雄"。戚继光本人是伟大的军事家和政治家,有多部军事著作及诗文传世,其所带领的部队,纪律严明,整齐划一,世人称其带领的军队为"戚家军",深得沿海居民的爱戴。尤其是在他们曾经战斗并牺牲的地方,百姓立祠纪念,告慰英灵,如在倭患最为严重的福建地区,代表着战死的戚家军群体的"大众爷公"崇拜,已经逐渐转化为民间神灵信仰。位于今福建省平和县山格镇内的慈惠宫,据传始建于南宋,明毁,明清时期数次重修。其主体建筑占地约 300 平方米,庙名原为"马溪岩",又称"观音亭",然其大殿右侧偏殿供奉的是"大众爷公",迴廊则供奉百姓自行为其配偶的"将公妈"(亦称"众公妈")。不仅如此,慈惠宫自明末清初以来已逐渐形成了以祭祀大众爷公为中心的系列民俗活动,如"扛猪公"、"开龛口"、"掷孤米"等等①,从历史文献与民间口传角度来看,这里的民间信仰和一系列民俗活动均与明代抗倭戚家军有着密切的关系。

作为统领众军抗击倭寇的主帅,戚继光更受百姓崇祀。万历十五年十二月九日,戚继光突然病发,第二天即离开人世。万历末年朝廷予其谥号"武庄",天启年间改谥"武毅",崇祯八年(1635 年)在其家乡蓬莱建表功祠,春秋祭祀。在他生前抗击倭寇的地方,皆立"戚公祠"对其进行祭祀和纪念,现存的仍有浙江临海北固山戚公祠、浙江温岭新河戚公

---

① 郑镛:《戚继光闽南"化神"考》,载《泉州师范学院学报(社会科学版)》,2007 年第 3 期。

祠、福建福清戚公祠、福建莆田灵顿戚公祠和福建福州于山戚公祠等处。而戚继光本人亦逐渐被民众神化,最后与原来流传在福建一带的、深受民众特别是船工水手尊奉的"大众爷公"信仰合为一体,成为闽南保境安民、赐福一方的全能型地方保护神,旧时当地民间一般在农历七月十九日祭祀戚公,并举行一系列民俗活动。

郑成功(1624—1662),汉族,明末清初军事家,民族英雄。本名森,又名福松,字明俨,号大木,福建省南安市石井镇人。弘光时监生,隆武帝赐姓朱、并封忠孝伯,俗称"国姓爷"。郑成功之父郑芝龙曾为海盗,后为南明水师将领,生于明朝福建省泉州府南安县安平港,母田川氏出生于日本肥前国平户岛(今日本长崎县平户市)。郑成功出生于母亲的故乡平户,六岁时被父亲接往福建老家,及长被送往金陵求学。后继承发展父业,曾垄断福建和东洋的贸易。1645年清军攻入江南,不久郑芝龙降清、田川氏在乱军中自尽。郑成功率领父亲旧部在中国东南沿海抗清,成为南明后期主要军事力量之一,一度由海路突袭、包围清江宁府(原明朝南京),但终遭清军击退,只能凭借海战优势固守海岛厦门、金门。1661年率军横渡台湾海峡,翌年击败荷兰东印度公司在台湾大员(今台湾台南市境内)的驻军,开启郑氏在台湾的统治,但不久即病死。有《延平王集》行世。

郑成功逝世后,明永历十七年(1663年)其子郑经建"延平王庙"祭祀其父,为最早奉祀郑成功的庙宇。入清以后,因忌讳官府而改为家庙,称为"郑氏大宗祠",后又定名为"昭格堂",今称"郑氏家庙",为台湾现存之三级古迹。清代初期,虽然官方曾经严格禁止台湾百姓祭祀郑成功,意图彻底清除明郑时期在台湾的"反清复明"思想。然而,山高皇帝远,民间感念其开台之恩,私下仍以"开山王"或"开台圣王"等名义偷偷祭祀,加上其灵魂可驱虫、助战等灵异传说盛行不断,使得郑成功信仰在台愈演愈烈,最终"郑成功庙"遍布全台。此外,郑成功信仰在大陆闽地亦有存在,在福建省泉州惠安县洛阳镇后亭村的埭厝村,有24户116人,全村皆为郑姓,当地村民称其先祖全部都来自泉州东园镇凤山,为郑成功之后人。他们称郑成功为"国姓公",认为国姓公是他们的保护神和"境主",全村人敬成功为"神明",他的诞辰"国姓神诞"也称"佛生日",显示出浓郁的神明崇拜之特征。在埭盾村,国姓公每年农历八月初三接受祭祀并举行绕境巡游,有时也于该日回神之祖籍地,亦即五十公里外的南安市石井镇祠堂祭祀,因为路途较远,视经济情况而定。

作为一位中日混血的历史人物,郑成功因自己的身份和台湾与日本的关系亦受到日本神灵体系的吸纳。在日治时期,台湾总督府曾改相当清代"官庙"之"延平郡王祠"为"开山神社",郑成功也因此进入日本的神道体系,成为其中一位神祇,并对日本文化有了深厚的影响。昭和三十七年(1962年)日本人于郑成功出生的故乡平户市建郑成功庙,作为台南延平郡王祠之分灵庙,每年七月十四日由日本官方依神道仪式行其祭祀之礼仪,成为日本史上空前绝后的宗教特例。位于日本平户市的郑成功庙虽名为"庙",但庙前却挂着日本神社特有的"神宫大麻",充分表达该庙的神社性质,当然其祭祀形式亦基本按照日本式的祭祀仪式。另外,在日本的民间文艺中也有一定数量的"国姓爷"形象，这都显示了中日文化的交流与融合。

神话入世

◎ 先秦传说

先秦时期属于中国原始信仰较为兴盛的时代，也是中国思想史上的"英雄时代"，当时介于"神话—历史"、"历史—神话"之间的传说人物层出不穷，关于他们的种种传说与记载，究竟哪些为信史，哪些为神话，根本就分不清楚，本节依然选取在民间有深厚信仰基础的神祇进行阐述。

伏羲（生卒不详），风姓，又称宓羲、庖牺、包牺、伏戏，亦称牺皇、皇羲、太昊，史记中称伏牺。传说其生于陇西成纪（今甘肃天水市），所处时代约为旧石器时代中晚期。伏羲是古代传说中中华民族人文始祖，是中国古籍中记载的最早的王，是中国医药鼻祖之一。相传伏羲人首蛇身，与女娲兄妹相婚，生儿育女，他根据天地万物的变化，发明创造了占卜八卦,创造文字,结束了"结绳记事"的历史。他又结绳为网,用来捕鸟打猎,并教会了人们渔猎的方法,发明了瑟,创作了曲子。伏羲称王一百一十一年后去世,留下了大量关于伏羲的神话传说。

作为传说中的氏族英雄和文明始祖,伏羲受到了官方的祭祀和民间的崇拜,这两条路线各有不同的角度和视野,体现了"大传统"与"小传统"之间的互动。据现在所能看到的史料记载,官方对伏羲的祭祀始于秦早期。西汉初年,承继秦之郊祭制度,东汉仍用此制。隋唐五代均以"三皇之首"祭之,以后中央王朝的祭祀日渐隆盛。在民间,伏羲信仰的分布范围甚广,并且形成了与女娲同时进行祭祀的信仰方式,千百年来广为流布,不论是从汉代的画像石,还是北方等地的伏羲庙会,到现在仍存在于一些地区的神话传说,均显示出伏羲女娲信仰在民间的强大生命力。

尧,姓伊祁,名放勋,史称唐尧。传说在唐地伊祁山诞生,随其母在庆都山一带度过幼年生活,后来成为中国原始社会末期的部落联盟长。践帝位后,复封其兄挚于唐地为唐侯,他还在唐县伏城一带建了第一个都城,以后因水患逐渐西迁山西,定都平阳。

尧帝是华夏族处于文明时代前夜在始祖崇拜基础上建构的一个传说人物,千百年来学者对其真实性也未有定论,但可以肯定的是不论人物是真是假,各地有许多有关于尧帝的传说故事以及民众信仰实践行为,这是毋庸置疑的。如在山西、陕西、山东、河北、河南乃至江苏都流传着唐尧的传说和故事,其中以地处山西晋南汾涑盆地的临汾影响最大。其地不但有祭祀意义上的尧庙、尧陵,还有传说中帝尧的出生地伊村、帝尧曾经驾临过的羊獬村、尧成婚之地姑射山洞、尧巡游之地陶唐峪等处,更有大量与帝尧有关的地名,可以说已经形成了一个"文化信仰生活丛",显示着尧帝信仰在当地民众生活中的深刻影响。

在当地最为特殊和具有意味的是洪洞县"接姑姑迎娘娘"的游神活动,将主流传说中的尧、舜事迹直接搬移来作为仪式结构的"元传说",又将叙事重点由尧、舜转移到娥皇女英二妃,从而为仪式活动提供了"核心传说",使得该游神仪式不仅具有丰富的形态,而且传说与仪式还发生着多层面的扭结,互相制约而各有变异,在同类游神仪式中独具风标[①]。诚如以上所说,这一仪式与传说的互相丰富是建立在尧、舜传说的基础上而形成的。

舜也是华夏族所建构的五帝之一,传说其姓姚名重华,生于姚墟[②],以受尧帝之禅让而称帝天下,其国号为"有虞",都城在蒲坂(今山西永济)。相传舜从小受父亲瞽叟、后母和后母所生之弟象的迫害,屡经磨难,仍和善相对,孝敬父母,爱护胞弟,故深得百姓赞誉。他曾辛勤耕稼于历山,渔猎于雷泽,在黄河之滨烧制陶器,在寿丘(今山东曲阜)制作日用杂品,在顿丘(今河南浚县)、负夏(今山东兖州)一带经商做生意。因品德高尚,在民间颇有威望。他在历山耕田,当地

---

① 陈泳超、王尧:《姐妹娘娘:作为游神仪式支撑的尧舜传说——以洪洞县"接姑姑迎娘娘"仪式传说为例》,载《民族文学研究》,2010年第1期。

② 姚墟的具体位置有很多说法,有河南濮阳说、浙江余姚说、姚丘即诸冯说、山东诸城、山东菏泽说及山西临汾说等。

人不再争田界，互相谦让。人们都愿意靠近他居住，两三年即聚集成一个村落。当时部落联盟领袖尧年事已高，欲选继承人，众人一致推举舜。于是，尧分别将自己的两个女儿娥皇、女英嫁给舜，让九名男子侍奉于舜的左右，以观其德；又让舜职掌五典、管理百官、负责迎宾礼仪，以观其能。皆治，乃命舜摄行政务。尧去世后，舜即位。他选贤任能，举用"八恺"、"八元"等治理民事，放逐"四凶"，任命禹治水，完成了尧未完成的盛业。传说他巡狩四方，整顿礼制，减轻刑罚，统一度量衡。要求人民"行厚德，远佞人"，"直而温，宽而栗，刚而毋虐，简而毋傲"，孝敬父母，和睦邻里。在其治理下，政教大行，八方宾服，四海咸颂舜功，因而《史记·五帝本纪》称"天下明德皆自虞帝始"。传去世于南巡途中苍梧之野，葬于江南九嶷山。舜为"大传统"中华夏民族道德之先河，成为历代官方列入正祀、民众顶礼膜拜的神灵。从地域分布上看，山东、山西、河南、浙江、湖南、湖北、广东、广西等省区都流传着大量的舜帝传说，并且各自形成了独具特色的舜帝信仰习俗，这其中以位于晋南的山西运城最为丰富。在这里，流传着大量的有关于帝尧、虞舜和娥皇女英二妃的神话传说,遍布着有关风物景观及文化遗迹。每年农历二月二、九月十三舜帝陵庙"尧舜禹关四圣巡城古庙会",农历三月十五"负夏城古庙会",农历三月十三"诸冯山古庙会"等对舜帝的祭祀仪式活动传承至今,形成了独具特色的民间记忆及信仰习俗。同时,山西临汾和运城两地在地域上相毗邻,共同构成了中华文明起源之核心区域——河东。在 20 世纪初以来疑古思潮影响下,有些学者从纯学术的角度对这段历史持辨伪和怀疑,但民间信仰的强大魔力仍然存在,显示出顽强的生命力。

禹,又称"大禹"、"夏禹"、"禹王",是我国古代传说中的历史人物,传说他是夏后氏部落的首领,因在涂山(在今安徽省蚌埠市)治水有方,疏导黄河,后又通过禅让制从舜手中得到帝位,成为夏朝的第一代君主,并因其历史功绩而被后人尊称为"大禹"。上古之事,传说与史实混而不分,大禹传说正是这样一种形态表现,它既有"史实素地"的成分,又有后世不断叠加的神话因素、传说色彩等附加成分，文献记载更是分歧不已。现在所能见到的较早的记载大禹事迹的古代典籍为《诗经》、《尚书》、《左传》等早期儒家经典，而较为完整的有关于禹的记载则是我国第一部纪传体通史《史记》，其书卷二《夏本纪》对禹之身世和事迹记述甚详。从《史记》的相关记述来看，司马迁是把禹作为尧舜时期有功于社会的人物来记载的，并没有把禹当作神，其事迹也很少有神秘的成分，这是司马氏治史严谨的一面；然而，也应该注意到的是，《夏本纪》所述的大禹治水范围似乎有夸大至"九州"之嫌疑，当然在此之前的《孟子》、《墨子》等百家之说早已有这种倾向，甚至有神话之端倪。

　　作为一个神话与历史集合体的人物，大禹的真实性也受到了千百年来学者的质疑，如在 20 世纪二三十年代，著名史学家顾颉刚先生就曾说"禹为动物，出于九鼎"。后来他又修正说："禹是南方民族的神话中的人物。"但不论学界如何争论，在中原地区、钱塘江南岸和巴蜀地区有大禹治水的传说，全国各地到处都有禹之遗迹，这是不争的事实，说明大禹崇拜已经根深蒂固地渗透到了中华民族的思想意识与生活形态当中。

◎ 汉晋传说

蒋子文信仰，从三国吴开始盛行于今天南京及其附近地区的一种民间巫觋鬼神信仰，六朝时期尤为流行，上至帝王将相，下至平民百姓，无不虔诚事之，盛况空前。历史上第一次记载蒋子文的书籍为东晋时期干宝的《搜神记》，其文曰：

> 蒋子文者，广陵人也。嗜酒，好色，挑挞无度。常自谓："己骨清，死当为神。"汉末，为秣陵尉，逐贼至钟山下，贼击伤额，因解绶缚之，有顷遂死。及吴先主之初，其故吏见文于道，乘白马，执白羽，侍从如平生。见者惊走。文追之，谓曰："我当为此土地神，以福尔下民。尔可宣告百姓，为我立祠。不尔，将有大咎。"是岁夏，大疫，百姓窃相恐动，颇有窃祠之者矣。文又下巫祝："吾将大启佑孙氏，宜为我立祠；不尔，将使虫入人耳为灾。"俄而小虫如尘虻，入

耳,皆死,医不能治。百姓愈恐。孙主未之信也。又下巫祝:"吾不祀我,将又以大火为灾。"是岁,火灾大发,一日数十处。火及公宫。议者以为鬼有所归,乃不为厉,宜有以抚之。于是使使者封子文为中都侯,次弟子绪为长水校尉,皆加印绶。为立庙堂。转号钟山为蒋山,今建康东北蒋山是也。自是灾厉止息,百姓遂大事之。

　　蒋子文信仰兴起于三国孙吴时期,据今人考证其直接原因在于当时灾异频发的社会环境,造成民众普遍心理恐慌,祈求鬼神相助以寻得心理安慰的生活需要。而巫祝趁机附会蒋子文显灵,大肆造神,来满足自身私利。而孙权为了平息灾疫,抚慰民众,囿于"鬼有所归,乃不为厉"的传统风俗,折中地方祠祀,册封蒋子文,设立庙堂,遂成蒋子文信仰兴盛之始。六朝时,去蒋庙祭祀求福是当时民众的常见行为。如《南史·恩幸传》记载:"(綦母)珍之有一铜镜,背有'三公'字,常语人云:'征祥如此,何患三公不至。'乃就蒋王庙祈愿得三公,封郡王。"同时,蒋子文在六朝时又是保护风调雨顺与保佑战争中克敌制胜的灵验神祇,已经接近于全能型或者综合性神祇。蒋子文信仰随着孙权的宗教政策而兴起,东晋时得以盛大,至宋齐梁陈走向巅峰,以后唐宋元文献中屡有记载,至明清才逐渐衰微,前后长达一千多年,影响极为深远。至今南京城内依然保留着"蒋王庙街"的地名,昭示着当年蒋王庙的香火鼎盛[①]。

梓潼神,又称"文昌帝君",为民间和道教尊奉的掌管士人功名禄位之神。文昌本星名,亦称文曲星,或文星,古时认为是主持文运功名的星宿。其成为民间和道教所信奉的文昌帝君,与梓潼神张亚子有关。东晋宁康二年(公元 374年),蜀人张育自称蜀王,起义抗击前秦苻坚,英勇战死,人们在梓潼郡七曲山为之建张育祠,并尊奉他为雷泽龙神。其时七曲山另有梓潼神亚子祠,因两祠相邻,后人将两祠神名合称张亚,并称张亚子仕晋战殁,实为《晋书》所载张育之事。

中国古代民间不乏形形色色的地方神灵,历代统治者多

---

① 陈圣宇:《六朝蒋子文信仰探微》,载《宗教学研究》,2007 年第 1 期。

有整饬神祠之举措,地方神往往被视为淫祀而遭取缔。蜀中的梓潼神却安然无恙,且神运扶摇直上,直至成为天下通祀。究其原因,一是梓潼神作为国家和政权保护神形象与职能之建立,二是神祠占据蜀道之利,南北往来于蜀道之人,往往慕名顶礼膜拜。因此在五代至宋时期,凡是异于政权统治者,政府除武力坚决镇压外,在宣传和思想文化领域辅以梓潼神的显灵事迹来惩治叛逆,体现了国家王朝利用神灵来控制地方的统治手段。至南宋时期,梓潼神信仰已开始随蜀中士人的南下而流播江南,并一跃成为国家级神祀,且神格开始发生变化,成为司禄主文治科第之神,信众甚广,士人更甚为崇奉。元明清时期,由于国家科举制度的进一步发展,梓潼神成为“文昌帝君”,更凸显其主文运、护佑士子之文教职能。在这样的社会及政治背景下,虽有明国家禁止文昌神的举措,但终究未能撼动文昌信仰在民间的根深蒂固。至清嘉庆六年(公元1801年),大学士朱珪呈进《文昌化书》,仁宗敕命各省皆立文昌庙,此后更列入国家祀典,升为中祀身份,地位几乎与孔子并尊。寒窗苦读的文人们对梓潼神的崇拜,当然以各种相关祭祀和民俗活动为其主要信仰实践。"景泰中，因京师旧庙辟而新之，岁以二月三日生辰，遣祭。"[①]祭祀活动自官方开始，上行下效，民间也发展成为固定祭祀，"（每年二月）三日为文昌会，文人多结伴入庙祭祀"[②]，"以羊豕酒果，俱从之"[③]，可见祭祀活动之热闹非凡。梓潼信仰在民众基础越来越坚固之时，慢慢地在笔记小说、民间口传中，发展出了助人生育、佑人生子和祛除灾疾、保护平安的神职功能，体现了中国民众对于俗神多重神格之建构与祈愿。

紫姑，中国民间诸神中颇为活跃的一位神祇，又作子姑、厕姑、茅姑、坑姑、坑三姑娘等。世人谓其能先知，多迎祀于家，占卜诸事。她虽是一个名不见经传的厕神，但主管之范围较广，但凡与百姓生活密切相关，大至蚕桑收成、吉凶祸福，小

---

① ［清］张廷玉等编：《明史》卷五零，中华书局1974年版，第1308页。
② 《民国万源县志·卷五·教育门·礼俗》，载《中国地方志集成》第60册，第460页。
③ 《明实录·英宗实录》卷二六八，台北：文津出版社1994年版，第5683页。

至闺中密语、婆媳妯娌，都可向她问卜祈愿。至今我国各地都有迎紫姑的传统，关于她的记载，至少在南朝刘宋时期就有，其现存可见最早文字资料为刘敬叔《异苑》。该书卷五云："世有紫姑神，古来相传，云是人家妾，为大妇所嫉，每以秽事相次役，正月十五日感激而死。故世人以其日作其形，夜于厕间或猪栏边迎之。"说明当时此神信仰颇为流行，固有传说故事附会之。此后诸笔记小说或有零星记载，至唐时《显异录》中紫姑之身世、事迹已颇为丰满，可知当时紫姑信仰在民间已经影响很大。在丁世良、赵放两位先生主编的《中国地方志民俗资料汇编》中，可以看出至清末民国时期，紫姑信仰已经遍布华东、华北、西北、东北、中南等一些省市，成为中国传统农耕社会背景下一项具有真正广泛民间意义的神灵信仰。

根据《中国地方志民俗资料汇编》中的紫姑信仰资料分析，各地迎接紫姑大都在元宵或相邻日期，其具体地点大都在茅厕或猪栏等地，其占卜形式大致以日常生活常用之物作为主要凭借，加以一些言语及行为仪式，最终获得一定"卦象"为占卜结果，同时也有祈愿等功能。如浙江同治《安吉县志》记载：

用稻草一握,中扎桃枝尺许,被以衣裙,置之荒郊废址或远年坑厕间,设香烛、酒果,用老妪二人,谓之"轿夫",诡为问答,一请一辞,及请之至再,答者始允其去,而桃条忽自动。二妪手捧草把,任其俯仰,入请者之家,设案置方板为桃条所敲击。男妇皆以事来占,以敲击数为吉凶之判。敲之力重,声闻百步外,二妪腕弱者几不能持。所占颇验。或有指其妄者,直趋稠人中击之。

民国时期黑龙江《双城县志》中亦有相关仪式展演之记录:

正月十五日……晚间妇女请姑姑神,卜问本年一切休咎。法,以木勺为首,横缚一木为两臂,下缚有叉之木为两足,勺上包纸,绘眉、目、口、鼻,顶插花,身著衣,携之厕中念数语,入室以秤称之,较重于前,则神至矣;扶置坑桌旁,向问诸,以前后磕头为休咎所由判。此即古之赛紫姑耳。

以上记载的是清朝和民国时期的迎紫姑风俗,其地域渐江与黑龙江两者一南一北,可见其风俗在中国历史时期流布之广。不仅如此,民俗学家陈勤建先生在田野调查中发现,在 20 世纪五六十年代以前,这种迎"坑三姑娘"的活动还是当地少女所钟爱的女性信仰艺能活动,这种活动不单单是迎神、敬神、请神、送神的祭神活动,其中的仪式还伴有一定的言行程序节律的传承,展示出较多的萌芽状态的戏剧表演功能,其实质上也更多地展现了少女们自娱自乐、自我宣泄情感、自我憧憬幸福生活的女性情怀①。无独有偶,学者彭恒礼先生亦发现,在云南省大理白族自治州的弥渡县,每年元宵节期间当地农民都会自发演剧,而且只在元宵节演出,年年如此,从不间断。其中一出名为《小七姑娘》的演剧很有意思,从剧名和演出时间上判断,"小七姑娘"之原型应当就是过去元宵节期间普遍供奉的紫姑神。而在云南大理白族自治州剑川县甸南、羊岑等地白族民间流传的"青姑娘祭"以其

---

① 陈勤建:《村落少女情怀的艺能化展示——松江井凌桥村与联建村坑三姑娘信仰祭祀的调查》,载《华东师范大学学报(哲学社会科学版)》,2001年第 6 期。

进行仪式时的游走式歌唱而引起文艺工作者的关注,经考证其来源亦是内地之"请紫姑"风俗①。以上田野调查之记录说明紫姑信仰不但在传统汉族农耕地区流行,亦播迁至非汉民族地区,且在一定程度上在当地居民的日常宗教生活中占有一定的地位。

◎ 唐宋以降传说

金龙四大王,南宋时人谢绪。最早记载谢绪事迹的是明万历首辅大臣朱国桢,他在《涌幢小品》中说:"金龙大王,姓谢名绪,晋太傅安(谢安)裔,金兵方炽,神以戚畹,愤不乐仕,隐居金龙山椒,筑望云亭自娱。咸淳中,浙大饥,损家资,饭绥人,全活甚众。元兵入临安,掳太后、少主去。义不臣虏,赴江死,尸僵不坏。乡人义而移之祖庙侧。大明兵起,神示梦,当佑圣主。时傅友德与元左丞李二战于徐州吕梁洪,士

---

① 王国仙:《白族"青姑娘祭"与内地"请紫姑"习俗的异同》,载《民族艺术研究》,1993 年第 4 期。

卒见空中有披甲者来助战,虏大溃,遂著灵应。永乐间,凿会通渠,舟楫过洪,祷亡不应,于是建祠洪上。"

在《古今图书集成》、《茶香室丛钞》、《矩斋杂记》、《读文献通考·群祀考三》、《杭州府志》以及文人笔记《通俗编》、《陔余丛考》、《九曜笔记》等著作中,均可见到有关谢绪从人到神的转变过程及历代朝廷对其敕封的记载。以这些记载为资料分析,有关于谢绪故事之历史真实应该仅在于谢绪以南宋末年的外戚身份在元兵来临之时,不卑不亢、大义凛然的气节与精神,这种精神因符合中国传统儒家道德意识形态理念而受到历代官民推崇。金龙四大王信仰最初产生在黄河边,当时是作为保佑黄河安定的河神来崇拜的,不过他最初"显灵"的吕梁二洪(即徐州一段黄河)从元朝起即是京杭运河借道黄河之一段,因此在官民的共同需要和营造下,谢绪慢慢又成了漕河之保护神,并以此为"主业"。尤其是在明永乐以后,随着京师北迁及漕粮运输的日益重要,其漕运之神的职能更被推广膜拜。明清之际只要是徐州及相邻一段黄河或运河出现危机之时,大都会敕令赐封金龙四大王谢绪,当然庙宇的建造也是必不可少的,以至于到了清代,不但黄河及运河相关河段有"大王祠",其信仰几乎播迁半个中国。当然这一局面是官民互动之结果,明清之时为了祭祀或迎接"大王",叩拜祷告、演戏酬神,有的已经成为当地官民宗教生活之常规。因此金龙四大王自从明朝前期被朝廷敕封为漕河之神以后,其崇拜迅速由官方传入民间,成为北方民众间的又一新的神祇。①

保生大帝,我国闽南、潮汕、台湾地区及东南亚华人所信奉的道教神祇,俗称大道公、吴真人。根据其祠庙志碑记及后人笔记记载,吴夲(979—1036),字华基,北宋福建同安白礁乡(今漳州台商投资区角美白礁村)人。曾任宋御医,后悬壶济世,医德高尚,深受人们敬仰。去世后被朝廷追封为大道真人、保生大帝。乡民建庙奉祀,尊为医神。著有《吴夲本

---

① 王云:《明清时期山东运河区域的金龙四大王崇拜》,载《民俗研究》,2005
年第 2 期。

草》一书。现在大陆和台湾有数百处供奉吴夲的保生大帝祠堂。

吴夲信仰自宋代即始,据说自景祐三年(1036年)吴夲去世后,当地民众将其遗像奉祀于龙湫庵,成为保生大帝祠祀之发轫。绍兴二十年(1150年),宋高宗颁诏立庙白礁,以祀吴夲。据《白礁志略》云:"绍兴二十年诏立庙白礁,即今之祖庙也。二十一年乡尚书颜定肃公师鲁请于朝,复立庙祀青礁,即修炼处,今之东宫也。"次年,两地又双双重建庙宇,把原来的小庵扩建为规模宏伟的东宫与西宫,这是保生大帝信仰最初也是最重要的两个祖庙,可谓其俗信之渊薮。乾道二年(1166年),宋孝宗又赐号"慈济真人"。此后传说大道公屡屡显灵圣护国佑民,宋明两朝对其之封赠不断晋级。相传开禧年间(1205—1207)漳泉大旱,漳泉民众聚集慈济祖宫祷求大道公,幸受庇佑,连降雷雨,五谷大丰。宋宁宗加封"英惠候"。明永乐十七年(1419年)敕封保生大帝。

民众最初奉祀吴夲,是出于对其高明医术与高尚医德的纪念。只是到了后来,随着民众将纪念性的活动转变为祈求性的仪式,吴夲祠祀才发展为一种民间信仰。在这中间,凭借着吴夲信仰来发展家族势力的行为,也在客观上促进了保生大帝信仰的发展,同时家族移民也是保生大帝信仰传播之重要方式。吴夲去世后,青礁、白礁两地分别立祠奉祀,此外,漳、泉两府其他地方及附近府县,也开始出现保生大帝的祠祀,之后更在闽地全省进行传播,影响极大。明末清初,随着私人海上贸易的频繁及对台移民高潮的出现,保生大帝信仰又随着移民与商人的步伐传入台湾与东南亚。

每年农历正月至三月,几乎每天都有几支甚至几十支进香队伍从闽南各地村社汇聚到保生大帝祖庙之一——厦门海沧青礁慈济宫。香旗、神旗,连绵不绝的阵头,装饰华丽的神轿,带着香烛和贡品的香客,几百人乃至几千人的队伍,穿梭在周边的道路上。追寻其中的进香活动轨迹,正好可以绘出一个庞大的香的双向流动路线网络:家户—社区庙宇—青礁慈济宫—社区庙宇—分配到家户。以上是福建本地对保生大帝的进香路线,由于台湾也有保生大帝祠庙,因此只要在两岸关系较为正常的年代,对岸的分灵祠庙也会加入参拜路线,因此台湾也相当于加入了这个庞大的分香、进香网络。在此意义上,以青礁慈济宫保生大帝为中心,通过"香"的流动,整个网络所涵盖区域的民众和社区连接一起的共同体,对两岸关系的促进具有重大的意义。

妈祖,又称天妃、天后、天上圣母、娘妈,是历代船工、海员、旅客、商人和渔民共同信奉的神祇。根据其庙记和碑记文献,传说妈祖姓林,名默娘,生前为一女巫,能预知祸福,身后民众在湄洲岛立庙祭祀,可知妈祖是一位"自下而上"的从民众土壤中生发的民间神祇。随着时间的推移,在当地民众、福建本贯在朝士大夫及商人等相关群体的推动下,妈祖信仰传播范围及影响逐渐扩大。宣和五年(1123年)妈祖因显灵护佑宋廷出访高丽使船之功而受到朝廷赐予"顺济"庙额,绍兴二十六年(1156年)又因朝廷郊典而被敕封为"灵惠夫人"。此后经南宋、元明清各代王朝的不断封赐,其地位不断提升,由夫人到妃再到天妃、天后,其性质也逐渐摆脱了最初的"巫女"身份,而成为一个彻彻底底受世人顶礼膜拜的

"女神"。

陈靖姑,或名陈静姑、陈进姑,是闽台浙赣等地区民间信仰中重要的地方女神之一。各地民间称之为临水夫人、顺懿夫人、陈夫人、陈十四夫人、大奶夫人、奶娘,或有称为顺天圣母、通天圣母、太后元君、陈氏圣母娘娘等。陈靖姑信仰与妈祖信仰曾一度其名,在东南数省特别是闽台的信仰场域中占据重要角色[①]。

据明代黄仲昭修纂的《八闽通志》记载:

> 顺懿庙在(古田)县口临水。神陈姓,父名昌,母葛氏。生于唐大历二年。嫁刘杞,年二十四而卒。临水有白蛇洞,中产巨蛇,时吐气为疫疠。一日,有朱衣人执剑,索白蛇斩之。乡人诘其姓名,曰:我江南下渡陈昌女也。忽不见。亟往下渡询

---

① 蒋俊:《地方神明建构脉络之解读——以陈靖姑信仰为中心》,载《宗教学研究》,2008年第1期。

之,乃知其为神,遂立庙于洞上,凡祷雨旸,驱疫厉,求嗣续,莫不响应。宋淳祐间封崇福昭、惠、慈济夫人,赐额"顺懿"。①

一般认为,以福建古田顺懿庙为中心的陈靖姑信仰在唐代已经形成。从种种民间传说和历代碑记来看,陈靖姑之原型应该是在中国古代福建地区极为恶劣的自然环境下的一位以"巫医"为职业的女性。民众崇拜她的主要需求和根源也是对健康生活及一方平安的渴求与诉求,在这种需求下陈靖姑信仰才能在民间崛起并不断扩张。当信仰影响越来越大时,历朝历代统治者出于巩固统治加强地方控制的需求,亦对女神进行了大规模的官方承认活动,即封赐、修庙及祭祀。史载,宋元时期朝廷开始对陈靖姑加封。南宋淳祐年间,封其为"崇福昭惠慈济夫人",赐匾额"顺懿"。明清两代临水夫人信仰也获得大发展:雍正年间,封赐"天仙圣母";道光年间,被封为"太后",成为历代封号最为高贵的一次,同

---

① [明]黄仲昭:《八闽通志》下,福建人民出版社1991年版,第373页。

时也标志着陈靖姑信仰的登峰造极；咸丰年间，又被加封为"顺天圣母"，封号几近妈祖。在官方的承认之下，民众对这位具有一定区域意义的土神越发信仰和尊崇，自清代有了"太后"之封号后，福建几乎每个县都建有陈靖姑神庙，其信仰亦播迁到浙江南部、台湾及东南亚等地，关于陈靖姑灵迹的传说故事愈加生动，散播四方，尤其是在福建已经成为一种文化意象和文化载体[①]。同福建的其他具有跨区域覆盖的民间信仰如妈祖、保生大帝等神灵一样，对于陈靖姑的祭祀也逐渐形成了一套较为固定的"请香"、"接火"等仪式。大到公众性、社会性的祈雨、排难，小到生育护童，都需要临水夫人的保佑，因此这位女神已经成为东南沿海部分地区信仰圈的几近全能的保护神祇。

[①] 黄新宪：《陈靖姑信仰的源流及在闽台的发展》，载《福州大学学报（哲学社会科学版）》，2008 年第 6 期。

第三篇　造神有方

神,是人造出来的。换言之,在中国信仰文化语境下,神其实是由各类社会阶层共同营造出来的。其基本领域之体现即为官方(国家)与民众之间的互动,官方通过民间信仰控制基层、播化教育,民众通过官方的承认,使自己信仰的神更有档次。因此,每一次的造神过程总是充满了双方的互动,当然,还有一些具体的社会群体也在其中起到了一些作用,这也是不可忽视的,本篇即聚焦于各阶层在造神运动中的行为与态度呈现。

盼神显灵

中国民间俗神最大的特征之一就是庞杂,这一特点是跟中国广阔的地域有紧密关系的。从这种意义上来说,民间俗神的很大一种——造神是来源于一地民众的自然选择,甚至有的时候,"离开了这一个地域,甚至这个村,有的信仰和神主的地位就不存在了"①。民众生活的需要是中国民间信仰

---

① 陈勤建、尹笑非:《地方神灵民间信仰与民众生活的互动联系:以黄道婆、王元晔等地方神灵为例》,载《西北民族研究》,2011年第1期。

形成的基础和决定因素。"地方神灵民间信仰既是生活化的信仰,又是信仰化的生活,这种双重特性的形成,主要是由生活决定的。"这里所说的"生活",即人所要生存的周围的环境,既包括以空气、水、土地、植物、动物等为内容的物质因素,也包括以观念、制度、行为准则等为内容的非物质因素,既包括自然因素,也包括社会因素,即所谓的自然(地理)环境和社会(人文)环境,两者构成了人类生存生产的主体环境。中国民间信仰有着很强的地域性,各地的民间信仰与其人民同自然地理环境的互动及当地的社会人文环境有关。民间信仰的产生、传播及其衰落是民众环境感知过程的见证,这是一个渐进的、从朦胧到清晰的过程。

如地处东南沿海的福建地区,自古就以"八山一水一分田"而著称。中国历史上第一部纪传体通史《史记》对处于"百越"之中的闽地地理环境概括为"江南卑湿,丈夫早夭,多林木",展示出一幅生存环境艰难的生活画卷。在古人印象中,这里的自然环境一直非常恶劣:"越非有城郭邑里也,处溪谷之间,篁竹之中,习于水斗,便于用舟,地深昧而多水险……以地图察其山川要塞,相去不过数寸,而间独数百千里,阻陷林丛弗能尽著。视之若易,行之甚难……行数百千里,夹以深林丛竹,水道上下击石,林中多蝮蛇猛兽,夏月暑时,偶泄霍乱之病相随属也……"地处亚热带的闽越地区,到处榛莽丛生,潮湿高温,是适合各种野生动植物尤其是蛇类生存繁衍的绝好地域。同时各种病菌也容易在这种自然环境下滋生蔓延,瘟疫流行不断,严重威胁当地民众的生命健康。这样的自然环境形成了闽越民众对蛇患的畏惧和对能祛除疠疫之人的信仰,晚唐至宋时期福建掀起了一阵民间信仰的造神高潮,如妈祖、陈靖姑、保生大帝等民间神灵的被"发明"、再发明及其传播皆与其地恶劣的自然环境下人们对生命健康的缺乏安全和向往相关。

再如江苏苏北地区,其地位于长江以北,东临黄海,处于黄河、淮河下游,大运河纵贯南北,里下河贯穿其腹地,在明清时期为南北漕运必经之地,也是淮盐运销的重要区域。由于黄运交汇,明清时期更有大量治黄保运的河工集中于此,其地理位置之重要不言而喻。繁忙的漕运和频繁的河工使

得明清时期苏北运河区域出现了众多的水神信仰。在众多
水神中,最有代表性的莫过于对黄河河神和漕运保护神金龙
四大王的祭祀和崇拜。金龙四大王其原型是南宋时人谢绪。
关于他的事迹,有学者认为,最早的记载是明万历时人朱国桢
的《涌幢小品》,但其实宋末元初吴县人徐大焯的《烬余录》中
早有记载。总之,元明时文人笔记小说中若有记载的金龙四
大王之原型谢绪,都是一位为国亡尽死节的南宋末年士人形
象。在宋元时期,仍未成神;后来,结合显灵故事中保护水运、
漕运信仰崇拜的不断扩大和明代永乐北迁后漕运日益重要的
历史事实,漕运兴起、保护漕运的需要才成为谢绪成神的真正
原因①。而由于黄淮运在苏北交汇,作为漕河保护神的金龙
四大王在明清苏北运河区域受到了当地官员和普通民众的崇
敬膜拜,因而苏北沿线区域的金龙四大王庙宇数量亦甚多。
淮安下属的清河县因地处黄淮运交汇,水患甚为严重,弹丸之

---

① 申浩:《近世金龙四大王考——官民互动中的民间信仰现象》,《社会科学》,
　2008年第4期;胡梦飞:《明清时期苏北地区水神信仰的历史考察——以
　运河沿线区域为中心》,载《江苏社会科学》,2013年第3期。

地居然有 17 座之多！[①]以上充分显示了自然环境与民间信仰之间的紧密联系,其他如北方地区对驱蝗神刘猛将的信仰、四川地区对李冰父子及其衍生二郎神的信仰、浙江鄞州对其地建造它山堰的功臣唐代王元暐的信仰祭祀、江南民众由于地区棉纺织生产而对黄道婆的信仰等,都是环境所需之产物。

选神之智

中国民间信仰的功利性是其最主要的特点,但是这种功利性并不是民众主动地与社会调适之结果,而是它本身是所固有的"灵验本位"和"实用实例"。就像韩森说的那样:"每当逢灾闹病,瘟疫流行,旱灾肆虐,蝗虫遮天,暴雨骤袭村落,或兵匪为害之时,中国人束手无策,就回去向神祇求助。"[②]

---

① 张崇旺:《明清时期江淮地区的自然灾害与社会经济》,福建人民出版社 2006 年版,第 577—578 页。

② [美] 韩森:《变迁之神——南宋时期的民间信仰》,包伟民译,浙江人民出版社 1999 年版,第 27 页。

民间信仰的期望是"现世现报和有求必应",民众并不是把民间信仰作为拯救灵魂和对人生本位的追求和把握,而是成为改善个体生活状况和心理状态的工具,他们不讨论人与神的关系这种有哲学倾向的重大问题,而着重于现实的人伦关系。民众平时并不特别关心神灵,只是在遇到困难或进行抉择时才想到求拜,出于经济、政治、心理、生理或家庭的多方面原因,为寻求一定的个人满足而信仰。

马晓宏先生指出:"民间祠祀,本来是一些自生自灭的信仰,某神灵验,即香火大盛,不验,即绝祀,于是再创出新的神来。中国人信神也是按其实用的程度来加选择取舍的。"①

基于现实需要的功用追求,民间很少借用神话和历史人物来塑造完美的神灵,而是直接认定历史或现实人物来作为崇拜对象。比如某人生前深谙巫术,死后民间建祠祭祀,后经地方官员倡议,官方于是赐额和封号,在经历几个朝代之后,

---

① 马晓宏:《天·神·人——中国传统文化中的造神运动》,云龙出版社1991年版,第104页。

逐渐变成举足轻重的圣神,成为民间造神运动独特思维模式①。出现于志怪文本当中的紫姑神、蒋子文等,不失为民间"随时可生新神"②的典型。中国民众平时对神灵的要求很世俗:求福消灾、招财进宝、延年益寿、求婚送子、祭祖安魂、祈求风调雨顺等。偶像的设置也完全根据各地、各人的需求,可大可小,可繁可简。信仰者也并不专一,无论哪路神仙,都可求拜,多多益善,来者不拒。倘若给中国古代的一个普通民众画一幅其所生活的时代和地域背景下普遍信仰的信息网络图,你会发现从他一出生,甚至出生之前,到婴幼儿及以后的成长期,以至弱冠成年后,不论从事各种职业,再到其结婚、生子、再生孙的各个历程,都有各种保护神围绕着他,供其选择,并进行信仰和崇拜,以供其生活和现实的需要。正如费孝通先生在评价我国乡村民间信仰时说的那段著名的言论:"我们对鬼神也很实际,供奉他们为的是风调雨顺,为的是免灾逃

①　阳清:《唐前造神运动与人神遇合的文学主题》,载《社会科学评论》,2009年第2期。

②　鲁迅:《中国小说史略》,山西古籍出版社2001年版,第10—18页。

祸。我们的祭祀很有点像请客、疏通、贿赂,我们的祈祷是许愿、哀乞。"就像有些学者所认为的那样,如果打个比方来形象地从总体上把握民间信仰和制度宗教之间的差异来看,"民间信仰的信仰供求性质类似于'临时雇佣',其信众只是'临时帮工',他们可以在多个雇主之间来去自由,不需要正式合同,当然也不具有正式编制,所受的约束很少,甚至可以'三天打鱼两天晒网'。而制度宗教的信仰供求性质就好比'合同聘用',其信众成为'固定员工',他们在一定时期只能受雇于特定雇主为其工作,既受到正式合同的诸多制约,也享受正式职员的许多福利。两者各有利弊,前者在拥有自由的同时,却要忍受无根漂泊之苦;后者在享有工资福利保障的同时,也要付出不自由的代价。自古及今,绝大部分中国人的信仰模式就是这种'临时帮工'模式,它在中国社会绵延了几千年之久,已成为时代民众的深层次信仰惯习"。①

---

① 陈彬、刘文钊:《信仰惯习、供需合力、灵验驱动——当代中国民间信仰复兴现象的"三维模式"分析》,载《世界宗教研究》,2012 年第 4 期。

既然实用性是中国百姓选择俗神信仰的最重要标准,那么"灵验"自然可谓是他们选择神祇的重要指标了。"灵验"故事或"显灵"故事是民间俗神获得信仰的最好例证。所谓"灵验"故事,学者有不同的称呼。如巫术的当代神话、活的传说、现代的神话、神奇传闻、关于神的故事,但大家基本上都相信这些故事属于人为编造。各式各样的或者各个阶层的人为了自身的利益来造神,编造灵验故事即成为当仁不让的首要步骤。正如韩森在其著作《变迁之神》中写的:"民间宗教的基本信条是如何传递的呢?假如没有经文,人们如何了解神祇?由于缺少直接证据,任何解释都将是试探性的。但看来人们经常互相谈论某一神的灵验,从这些口头描述,来了解神祇行为的原理。正是根据这些描述,人们决定求拜哪一个神祇……在某些时候,这常常由于特别灵验,或得到了官府的赐封之后,某一神祇的信徒们——识字的与不识字的——会凑钱立碑,刻上一篇纪念性的文章。碑铭并一定是供阅读的,它们只是为了将神的灵验告诉人们。这些石碑的壮观景象,足以告诉人们神的威力,以及人们对它的奉祀程度。碑文常常包括该神生前的事迹,灵验的故事,由朝廷赐予的头衔,以及对庙宇规制的描述。"①

以上揭示了灵验故事的传播路径与具体载体,诸如民众口传、碑文记载之类的已不用说,实际上由文人稽录口传而创作改编的文学作品也是其中一个很好的生产者及传播路径,尤其是在唐宋市民文学勃兴后,这种情况更为明显,话本小说与戏曲表演是其主要的表现载体,我们在第二篇第一节已经提过,不再赘述。

对于一些民间俗神为什么会那么灵验,也有学者从"符号互动原理"和"信息过滤论"两方面来进行解读和阐释。总体来说,笔者也认为民间俗神信仰作为一种民众心理,而"灵验"故事的被生产和传播就正好迎合了这一心理,但首要的当然是这些故事在"生产"阶段已经是别有用心的,因此才会有一定的市场。这样才更符合民间信仰那种"从生活中

---

① 〔美〕韩森:《变迁之神——南宋时期的民间信仰》,包伟民译,浙江人民出版社 1999 年版,第 12 页。

来,到生活中去"之本质内涵,而几乎每位神祇在成神之前都
要经过这一路径。

且收且放

中国传统政治与社会的"官方"由地方政府与中央王朝
两个层面共同组成,因而我们虽以"民间俗神信仰"为主要研
究对象,但官方立场在这些神灵信仰的形成过程中是"在场"
的而并非"缺失"。基于此,考察官方在对待民间信仰上的态
度就极为重要,何况有些民间俗神确实是在官方的推动下获
得身份而走向更高一级层次的,因此研究官方与民间的互动
是本文的应有之义。

从公元前 221 年秦始皇统一六国,到 1911 年辛亥革命
结束帝制,在漫长的两千年时间里,中国一直奉行着中央集
权统治地方的王朝制度,中央王朝与地方政府之间、地方政
府与真正的民间三者之关系成为中国传统政治中互相依存
又相互博弈的耐人寻味的关系组合。在这自上而下的三级

关系中,地方政府(官府)的地位和作用最值得探讨,一方面作为君主制统治民间的工具,地方政府要很好地使中央之政令通行、教化一统才算真正地合格;另一方面,相对于中央政府而言,地方政府又是与民众关系比较近的基层组织,也负有收集民间信仰的愿望。

◎ 采纳与顺应

地方祠庙祭祀不仅是民间信仰的主要内容和活动聚点,也是国家礼制在地方的重要组成,它不仅反映了民间社会的传统信仰与文化,也是国家意识形态与地方精神之互动体现。自西汉后期开始,国家严格贯彻祭祀制度儒家化的政策,开始对所谓的"淫祠"加以打击。一直到唐初,朝廷仍采取较为强硬之态度对待地方祠祀。据隋唐史学者雷闻先生研究,唐代地方祠祀可分为三个层次:一是"由国家礼典明文规定并全国通祀者";二是"礼无明文,但得到地方官府的承认和支持,甚至直接创建者";三是"没有得到官方批准和认可,完全是民间的祭祀行为,且往往被官方禁止者",亦即那些被州县官府判定为"淫祠"者,主要是一些物鬼精怪等。相对于最后一类地方祠祀来说,前两类民间祠祀是地方官发挥主观能动作用、积极执行及引导地方德育教化的绝好舞台。这两类一般来说也都是符合国家意识形态的民间崇信状态,故而地方政府愿意认真执行祭祀,并亲自参与推行与教化。下面就分别考察地方政府在对待这两类民间祠祀之态度及参与程度。

第一类"由国家礼典明文规定并通祀全国者",基本上都是国家祭法中规定的一些"为民众牺牲和贡献"等符合传统儒家理念的"根红苗正"之著名人士。如唐天宝七载唐玄宗直接开列出一张地方政府的祭祀名单,其中包括了所谓的圣帝明王、忠臣义士及孝妇烈女,涵盖面相当广泛。诏书中写道:"历代帝王肇迹之外,未有祠宇者,所由郡置一庙享祭,取当时将相德业可称者二人配享……令郡县长官,春秋二时择日,粢盛蔬馔时果,配酒脯,洁诚致祭。其忠臣、义士、孝妇、烈女,史籍所载,德行弥高者,所在宜置祠宇,量事致祭。"并具体规定各地应祀之对象,其表根据学者统计如下(见表3-1),虽然这部分神祇看似"身份尊贵"，由皇帝亲自下诏令各地祭祀，但他们并不仅仅只是"空降式"的神祇，其实基本上在民间都有非常深厚的民众信仰基础，王朝下旨祭祀一方面是为了显示国家权威，另一方面也是顺应民意之结果。对这一类民间祠祀，由于上（中央）下（民间）两方面都有支持和基础，地方官员当然只有认真执行国家祭祀政策的份儿了，一般来说无太大争议。

表3-1　天宝七载忠臣、义士、孝妇、烈女祠祭表

忠臣	祭地	义士	祭地	孝妇	祭地	烈女	祭地
殷相傅说	汲郡	周太王子吴太伯	吴郡	周太王妃太姜	新平郡	周宣王齐姜	长沙郡
殷太师箕子	汲郡	伯夷	河东郡	周王季妃太任	扶风郡	卫太子恭姜	汲郡
宋公微子	睢阳郡	叔齐	河东郡	周文王妃太姒	长安县，配享文王之庙	楚庄王樊姬	富水郡
殷少师比干	汲郡	吴廷陵季札	丹阳郡	鲁大夫妻敬姜	鲁郡	楚昭王女	富水郡
齐相管夷吾	济南郡	魏将段干木	陕郡	邹孟轲母	鲁郡	宋公伯姬	睢阳郡

忠臣	祭地	义士	祭地	孝妇	祭地	烈女	祭地
齐相晏平仲	济南郡	齐高士鲁仲连	济南郡	陈宣孝妇	睢阳郡	梁宣高行	陈留郡
晋卿羊舌叔向	绛郡	楚大夫申包胥	富水郡	曹世叔妻大家	扶风郡	齐纪梁妻	济南郡
鲁卿季孙行父	鲁郡	汉将军纪信	华阳郡			赵将赵括母	赵郡
郑卿东里子产	荥阳郡					汉成帝班婕妤	扶风郡
燕上将军乐毅	上谷郡					汉元帝冯昭仪	咸阳郡
赵卿蔺相如	赵郡					汉太傅王陵母	彭城郡
楚三闾大夫屈原	长沙郡	以上义士八人		以上孝妇七人		汉御史大夫张汤母	万年县
汉大将军霍光	平阳郡					汉河南尹严延年母	东海郡
汉太傅萧望之	万年县					汉淳于缇萦	济南县

续　表

忠臣	祭地	义士	祭地	孝妇	祭地	烈女	祭地
汉丞相 邴吉	鲁郡						
蜀国 丞相 诸葛亮	南阳郡	以上义士八人		以上孝妇七人		以上烈女十四人	
以上忠士十六人							

摘自雷闻:《郊庙之外:隋唐国家祭祀与宗教》,生活·读书·新知三联书店 2009 年版,第 260 页。

　　而对于上文所分类的第二类地方祠祀即"虽无明文,但得到地方官的承认和支持,甚至直接创建者",情况较第一类来说复杂一点,这一部分是地方政府在民间俗神信仰问题上表现得最为积极踊跃的一个维度。一般来说,这一类神祇都是与各地方有一定关联者,如曾经为官一方、造福民众的官吏,或者在一些特定时期或事件中为当地民生作出巨大贡献的人物,这两类神祇民众一般都是由自发的祭祀而形成的地方性民间信仰。正常情况下,地方官也都给予支持,有的还积极参与"造神"。

　　循吏积极有为,施行教化,作为地方官吏,政绩必然突出,因而亦会受到百姓的爱戴。百姓纪念当地循吏的表达方式之一,就是利用民间信仰中的祠祀形式,纪念施惠于他们的地方官员。这种祠祀活动,有立生祠、配庙祭和墓祭等。在两汉史籍中,对这种现象的描述不乏其例,汉代民间祠祀有功地方良吏的行为,一直贯穿两汉时代。如西汉昭帝时胡建,"为渭城令,治甚有声",因得罪权贵,"上官氏代听事,下吏捕建,建自杀。吏民称冤,至今(按:即东汉时期)渭城立其祠"。从祠祀地点与被祠祀人的关系看,祠祀地点多是被祠祀人作为地方官员的任职地,汉代的地方长吏有在多处任职的现象,因此行政清明、深有影响者甚至在其多个任职地上都被民众立祠祭祀。这种民众祠祀官吏的情况在唐代也比较多。从目前所见材料开看,唐代生祠的设立有一个逐步增多的过程。在唐初,由于中央政府对地方官立碑建祠的严格控制,生祠为数不多,安史之乱后,由于中央权威的下降和地方独立性的增强,为官员立生祠的案例逐渐增多①。但总体来说,汉唐两朝政局比其他王朝较为稳定,国家与民众之间的关系处于相对比较和谐的局面,再加上这两个王朝儒学教化、人才济济,从而使得地方循吏不断涌现,成为地方官吏进入民众信仰之多发时期。同样地,为更好地控制地方社会、顺应一方民情,地方官吏一般来说都会支持民众对其前任中较有声誉者进行祭祀崇信。

　　至于另外一种情况,普通人物能入祠民间信仰者,地方官一般也会进行审慎辨别后给予支持,有时还会运用自己的行政权力,进一步为这一类神祇获取更高基层的身份承认。唐宋以后,一些普通人物为原型的神祇从一地发迹而走向全国,甚至传播至海外,其中地方官员层面的支持亦起了重要作用。如南宋人谢绪在死后几百年的明清时期被神化,渐渐成为全国都风靡一时的"金龙四大王"崇信,这一过程发生的

---

① 雷闻:《郊庙之外:隋唐国家祭祀与宗教》,生活·读书·新知三联书店2009年版。

主要原因是明清时期京杭运河的全线贯通和兴盛,但从推动这一信仰成型和兴盛来说,是运河区域官民互动之结果,其中地方官吏的作用功不可没。

第一,从明代记述金龙四大王显灵事迹的主要文献资料来看,地方官员是这一信仰形成之记述主体,这与大多数民间信仰故事的记述主体的民间性色彩大不相同,显示了金龙四大王信仰所具有的"官方"立场。前文已提及朱国桢在《涌幢小品》中关于谢绪事迹的记载。

除《涌幢小品》外,嘉靖年间著名文人徐渭在《金龙四大王庙碑记》中亦载:

> 晋太傅安之裔,祖达,父某,有兄三人曰纪曰纲曰统,王最少,行第四……太祖嘉其忠又诏封为金龙四大王,金龙者因其所葬地也,四大王者从其生前时行列也……九月十七日为其诞辰。[1]

----

[1] [清] 仲学辂:《金龙四大王祠墓录》四卷,收入《武林掌故丛编》第二十一集,光绪九年癸未丁氏嘉惠堂刊本。

　　徐渭虽然并不是地方官吏,但他这篇文章是金龙四大王庙成立时的碑记,其记述颇有官方背景,且从他记述的显灵故事来看,金龙四大王有兄弟四人,名分别为纪、纲、统、绪,"纪纲统绪"这样明显的伦理道德诉求,显然不是普通大众所能想到的,应是秉持着儒家理念的官员们文饰之产物。在清人仲学辂汇编的《金龙四大王祠墓录四卷》中,搜集有明清两朝仕宦及官方志书记载中对金龙四大王信仰的显灵记载和赞美之词,集中体现了金龙四大王信仰的官方色彩。有学者指出在漕运信仰众多的社会人文环境下,金龙四大王独独能获得官方的认同,与神的原初形象及显灵事迹符合社会主流的儒家道德和伦理教化要求是相关的,从而在地方政府层面上形成了共同的心理认同和价值判断。在民间俗神信仰中,显灵事迹往往是一类很好的"宣讲教材",地方政府首先通过这样的教材来诠释神灵的权威和可靠性,从而说服更多的信众加入信仰。

　　第二,明清相关地区的地方官员亲自上阵,参与修庙和祭祀活动,无形中更加增添了这一信仰的"高端"身份,在地方官员的身体力行下，信仰始得兴盛之局面。

　　自明朝前期，金龙四大王被朝廷敕封为漕河之神后，其崇拜迅速播迁，成为北方又一新的民间神祇。虽然金龙四大王之原型谢绪是江南人士，但在苏北鲁南一带，由于受黄淮运纠结泛滥之害最深，对金龙四大王有着现实的需求，因此成为这一新兴信仰的传播中心。明朝中后期，这一代官方和民间竞相修建的大王庙，遍布各沿运城乡和码头。如济宁的金龙四大王庙宏伟壮阔，成为南北往来各色人等争相拜谒之处，据明朝大学士陈文的《重建会通河天井闸金龙四大王庙碑》记载，这一祠庙为"前总督漕运石参将汤公节俾州卫官属及郡之义士损资以更新之"。在山东运河北端的临清，金龙四大王庙至少有三座，其中一座就是入清后顺治年间知州郭鄴在砖闸东重又修建的"大王庙"，州人王介锡为之作的《重修大王庙碑记》中记载道，顺治年间，临清知州郭鄴为了求雨灌麦及漕艘顺利过临，祈祷金龙四大王降雨得以应验，便带头捐俸银重修了大王庙。研究者根据史籍记载统计"山东运

河区域金龙四大王庙一览表"①,从表 3－2 中看出,除了商
人出钱修建,官修占了很大一部分,显示了地方官府对漕运
的重视。

在明清运河地区,地方官员不仅出钱修建庙宇,在平时
日常生活中更要身体力行地进行崇敬。据梁恭辰《北东园笔
录续编》卷一"金龙四大王每幻为蛇身出现,河上官民皆能识
认",生活在北方运河区域的老百姓如果在河边某处遇到了
"大王",必须马上向地方官报告,地方官接报要率众属吏亲
来迎接。接大王的仪式过程为,一面唱祝辞,一面把小蛇(大
王的法身)放进一个精致的盘子里,然后放进官轿中,抬至大
庙内供奉祭祀,大凡官祭要用猪羊,民祭大者用羊,小者用白
色公鸡,烧酒浇奠,每祭都要演戏酬神。清朝时,北方沿河省
区新官到任,都要到大王庙行礼敬神,这几乎成为一种官方
规矩。②

---

① 王云:《明清时期山东运河区域的金龙四大王崇拜》,载《民俗研究》,2005
　年第 2 期。
② 同上。

表3-2　山东运河区域金龙四大王庙一览表

庙名	地址	创建时间	创建人
金龙四大王祠	张秋沙湾	景泰	都御史徐有贞
金龙四大王庙	济宁天井闸	正统	漕都石汤
显灵大王庙	鱼台东门外	嘉靖	（官修）
金龙四大王庙	曹县西南武家口	隆庆	不详
大王庙	临清运河南岸	万历	杭州商人
金龙四大王庙	张秋	崇祯	西商朱之运
大王庙	临清砖闸	康熙	知州郭
大王庙	临清卫河西岸	康熙	山西商人
金龙神庙	峄县台庄	康熙	河督张鹏翮
河神总祠	济宁东门外运河边	乾隆	不详
山陕会馆	聊城	嘉庆	山陕众商
大王庙	德州北长	道光	督粮道张祥
大王庙	峄县丁庙闸	道光	不详
大王庙	峄县韩庄闸	不详	不详
大王庙	寿张城内	不详	不详
金龙王庙	寿张十里堡	不详	不详

续　表

庙名	地址	创建时间	创建人
金龙神庙	郓城西南	不详	不详
龙王大殿	单县南堤上	不详	不详
大王庙	汶上南旺镇	不详	（官修）
大王庙	聊城馆驿前	不详	（官修）

　　对一些非历史人物但在一地具有广大民众基础的民间信仰，地方统治者很希望通过对这一俗神的塑造来构建官民互相对话之平台。地方统治者在与人民多年的冲突与控制中，发现了调适二者冲突的"安全阀"，即从共同信仰入手来营造官民沟通交流的通道，这一点在湖南洞庭湖地区孟姜女信仰从外来传入到最终确立之过程得到充分展现。

　　在中国各地影响深远的孟姜女传说，是由春秋《左传》记载的杞梁妻因丈夫战死，拒绝郊吊而哭夫的真实历史演变而成，至今已有两千多年历史。其原生地应该是在春秋时期的齐国，即今山东地区。唐宋以后，发源于山东的杞梁妻故事，慢慢衍变为孟姜女传说，又流传到湖南洞庭湖流域的澧州，与当地广大妇女望夫归的情感进行嫁接与融合,在长期的故事传承中,形成了澧州独特的孟姜女民间叙事基础。后来,在明初全国范围大兴崇祀的热潮中,出生于澧州的明朝大员李如圭与澧州知府商议修建孟姜女祠宇。于是,在明嘉靖甲午年夏天,澧州第一座孟姜女庙"贞烈祠"在当地名胜、本来就有着丰富的孟姜女风物传说的嘉山顶上落成了。李如圭亲撰的《贞烈祠记》,以孟姜女守节称著,谓之"贞节",并摹印历代诗人碑刻,刻石记其事,称为碑林。一时之间,朝拜者云众,明清两代有百余名朝廷大员、文人墨客慕名前来嘉山"贞烈祠"谒拜孟姜女娘娘。不仅如此,据《直隶澧州志·祠庙志》载:"嘉山望夫台庙,二进六间,州民不时朝谒,每岁春秋二仲官亲致祭。"[①]由官方亲自主持的孟姜女春节庙会,是一年中最隆重、最热闹、最精彩的庙会活动,官员百姓扶老携幼、全家出动,官民同乐。贞烈祠内香客如云,万头攒动,山

---

① [清]魏式曾(修),何玉棻(纂):《直隶澧州志》,岳麓书社 2010 年版,第376 页。

门外场坪上,傩戏《孟姜女》的演出精彩异常,整个庙会呈现出一派和谐景象。以上显示了中国古代地方政府利用民间俗神信仰构建地方秩序之积极举措。

◎ 监管与打击

民间和地方政府在民间俗神祭祀上有相当的一致性和相融性,但因民间信仰本质上是"以草根性为其根本特性,同时又有着内在体系性与自身运作逻辑的一种信仰形态"[①],因此民间俗神信仰发展到一定程度又与代表"普天之下莫非王土"的官方意志两相悖离,多有冲突,这主要表现在两个方面。

第一,民间俗神信仰作为在基层民众群体间一类颇富有感召的思想意识状态,在某特定的历史情境及社会环境下持续发展,有些已经远远超出纯粹的民间祭祀,转变成一种与官方意识形态相冲突的祭俗,或称为一些事件下民众集体抗

---

① 王健:《近年来民间信仰问题的回顾与思考:社会史角度的考察》,载《史学月刊》,2005 年第 1 期。

争的思想工具,以至于脱离地方当局的可控范围,甚至有可能威胁到古老帝国的大一统局面。

两汉青、齐之地城阳景王信仰流行,据《后汉书·刘盆子传》至东汉末年达到高峰,六郡守乡民"皆为立祠","谴问祸福立应",求其福佑。但在祭祀中,"转相诳曜",又有商贾从中借势生事,"或假二千石舆服导从","造饰五二千石车……立服带绶,备置官属",仿官制行祭祀,此等僭越之举,在君主专制的等级社会里,实难为官方容忍。更有甚者,西汉末年起于原城阳国国都莒县的赤眉起义,"虽数战胜,而疲敝厌兵,皆日夜愁泣,思欲东归……军中常有齐巫鼓舞祠城阳景王,以求福助",而赤眉起义的策源地正是在原城阳国国都的莒县,种种巧合说明了城阳景王信仰在赤眉起义中的间接鼓动作用,这当然是统治者们难以容忍之局面,作为帝国统治在地方的代言者地方官吏,对此是有着清醒的认识的。因此诸如陈蕃、曹操执政青、齐期间,城阳景王之类的民间俗神信仰得以肃清,《三国志·魏书·武帝纪第一》称"太祖到,皆毁坏祠屋,止绝官吏民不得祠祀。及至秉政,遂除奸邪鬼神之事,世之淫祠有此遂绝"。但从整体上看,其影响良久,难于一时以行政力量来彻底消除,东汉应劭记载"历世长史,无感禁绝者","莫之匡纠","陈、曹之后,稍复如故",即为明证。可见,民间信仰与官方意识形态存在着强烈抗衡和相当深刻之冲突,不利于地方政治的稳定,影响甚巨,这一点我们在明万历二十八年(1600 年)的湖北承天府民变中可以更清楚地感知。万历二十四年(1596 年)起,明神宗先后以采矿、征税为由,派遣宦官志各地担任矿监、税使,从此中官四出,矿税流毒遍天下。最后普遍在全国各地城市引起民变,直到万历四十八年(1620 年)神宗临终遗诏罢除一切税课为止。在诸多城市民变之中,湖北承天府民变是比较特殊之一,因为在这一地方民变过程中有一个特殊的现象,就是士民群聚于岳王庙内祀神,作为一种抗议的仪式,学者考证这一现象与当地的岳飞信仰有着密切的关系①。追本溯源,承天府(宋代

---

① 巫仁恕:《民间信仰与集体抗争:万里承天府民变与岳飞信仰》,载《江海学刊》,2005 年第 1 期。

被称为"郧州")是南宋绍兴年间岳飞曾率兵抗金收复国土及屯垦之地,因此岳将军在当地人心目中有着崇高的地位,生前、身后都得到了民众的敬仰与祭祀。至明代,岳飞地位在官方和民间都达到了最高峰,且遍及整个社会。这与政府有意要表扬民族英雄、教育普遍发达以及时事刺激有关。承天府的岳王庙建立时代甚早,在群众中有深刻影响,且被誉为郧城十八景之一。祠庙重修、神迹故事等现象的累加使得岳飞在承天府民众心目中已成为一种地方的土神信仰。万历年间矿税祸兴时,承天府当地生员所能依靠的,除了合法地上陈官员之外,就只有把诉诸地方神祇作为他们抗争不合理制度的心理支柱,且在"忠"的儒家意识形态概念下,将集体行为合法化,这也正好是儒家意识形态强烈作用于民众之成功渗透与反讽。据《抚楚疏抄》记载,当年生员聚众于岳飞庙之情形如下:

> 沈希孟等闻得陈税监要掘宋玉古窖,思与文庙相连,又在官承天卫都司刘资宅内,切近祖陵龙脉,有碍学校风水,遂于本月拾陆日,约生员多人,赴陈

税监泊船处所,讲求释放县官、免掘古井、免提富户、淘金事情,不允,各士民人众喧嚷,沈希孟等各穿戴衣巾集赴左府桥前,焚香哭告。彼时世爵奉委把守城门,不合,不行依时关闭,任从人众往来。沈希孟等仍在桥前哭三日。至十八日,齐出城外岳王庙告神,本庙原竖有神旗一面,遂各集于旗杆下,口称冤变,以致备监杜茂,思有地方责任,遂将地方鼓噪事出异常,查参职守人员,警怠玩事。①

从承天府民变之例证中可以看到岳飞信仰对士民的思想影响,尤其是政治动荡、人心不安时,寻求神明力量的情形,一再出现在民间信仰盛行的地区,显现出民间信仰作为一种社会意识形态对于政治和国家稳定的反作用力。

另一方面,在民众对于俗神进行祭祀及迎神赛会等狂欢状态下,被认为"男女混杂"、"浪费奢靡"的问题亦时有显现,

---

① ［明］张问达:《抚楚疏抄》(明万历四十董汉儒序刊本)卷九《参劾》,"承天府沉机等释放复学疏",第268页。

成为地方政府监管民间俗神信仰之充分理由。赛戏之禁,可溯源于早期历史上的禁巫,至宋代禁淫祀戏乐、元代禁集场赛社演剧、明代禁迎神赛戏,官方禁戏之行为在不断强化,但每一次禁毁之后,都伴随着更大一轮热潮的复兴,因此由民间信仰而引发的狂欢赛戏活动已经成为地方政府最为头疼的社会问题。

最令他们烦恼的首先是"男女混杂"的局面。古代社会,女子言行自由极受限制,她们"大门不出二门不迈",不能轻易走出家门、抛头露面、大声言笑,庙会时的酬神演戏却以全民的狂欢参与语境给了她们一个合理合法的出门机会,《正定县志·风俗志》记载:"每逢庙期,妇女辐辏,远者大车以载,近者联袂而来,夜则指香卧庙中",因而一些卫道士认为"男女杂沓,大为风俗之害"。再者,统治者认为民间集资演戏是一种伤财废业之败俗,《周庄镇志》载有"入春以来,各乡村次第演春台戏,几无虚日。所谓迎神赛会则乐趋,酿钱演剧则不吝也"。《直隶易州志·风俗志》"直隶易州尚庙会,每于会期商贾辏集,纤献戏献神,温饱之家随时侈靡,贫户亦典质裳衣,诣庙祈福"。此外,由于演戏时游人如织,观者如堵,社会治安状况亦令人担忧。在历代地方政府禁止赛会和民间力量不断与之拮抗博弈的情况下,至清发展到以清前期康雍年间汤斌、田文静为任一方集中禁止赛会为始,清代的赛会演剧禁之愈酷,演之愈烈,大有在官方的示禁中对抗性崛起之势。

由此可见,地方政府对民间信仰到底是利用、禁止,还是适当支持,多取决于其是否利于民生民计、是否合乎官方意识形态、是否在政府可控范围之内,根本上取决于对地方行政和王朝统治是否造成安全隐患,即对利益和安全的考量上,这是地方政府对各种民间信仰采取具体措施的关键因素。

借神护国

在两千年中央君主集权制度下,中央王朝通过地方政府来建构地方秩序,从而完成与民间之互动。在民间俗神信仰的问题上,国家意志大概亦有三方面之显现,即承认(神灵入典,成为正祀)、打击(禁毁淫祠)和容忍(允许存在、加强监管),其中动作最多的当然是前两个方面,其目的都是为了维护统治。

国家为了维护地方的安定和边疆的稳固,通过后世的封赐神号、敕建庙宇、颁发匾额等形式逐渐确立一些神灵在国家和地方上的正统地位,从而完成国家和地方上的互动。这些由国家、地方、民间都参与的以国家为主体观察对象的互动过程,有的主要表现为自上而下的播化,有的则表现为自下而上的渗透,当然这两种互动方式并非是直线式的,而且会产生反作用及"文化回流"之状况,因此从某种意义上来说,民间信仰为中国古代君主集权制社会"国家—地方—民间"提供了一个很好的沟通渠道。

第一,有的民间俗神其原型本来就是历史上真实存在着的英雄人物,生前即有着一定的社会或政治地位,因对国家有所贡献,死后成为中央礼制祠典及官方各级政府设立祠庙祭祀之对象。之后再由于一些历史契机慢慢渗透到民间,成为一些地方社会中较有影响之信仰,当然其信仰声势又反过来使得中央王朝再次注意到这一民间俗神,并通过不断累积加封和荣誉给予承认和支持。在这一类民间俗神的信仰化过程中,我们可以看到诸如"马太效应"般的"强者愈强"之现象,显示了国家与民间在某些意识形态领域之间形成的良好互动。

史传所载名人的民间信仰化过程一般皆属此类,如管仲、关羽、冼夫人、李靖之类对国家和人民有重大物质或思想贡献的历史人物。如管仲,因其治国功业和思想影响成为后代官方各级政府设立祠庙祭祀之对象。管子出现在国家的礼制祀典中,主要作为配祀期齐开国之主姜太公而存在,并与国家级别祭祀姜太公之历程相始终。这一制度始于唐朝,历经五代、宋、金、元诸朝代沿袭,直到明朝初年才宣告废止。除国家祀典外,地方政府当然也会把管仲这一历史人物形象作为教化百姓的重要资源而加以祭祀。为了与国家政策保持一致,又根据当地社会环境所需,与管仲相关的一些州县所在之地方官员在各个历史时期利用各种方式来践行对管仲的祭祀活动。因此,除了作为国家性的庙祭配祀以外,名宦祠和乡贤祠成为管仲崇拜在地方社会的主要载体。如在管仲曾任相职的齐国都城山东临淄,唐开元中,按照国家礼制规定,青州府城西南开始设置太公庙,后改称武成王庙,祀齐太公望,以管仲、晏婴配享,每年春秋两季之上巳日致祭。在临淄西北二里,当地官府亦设有齐太公桓公庙,始建无考,仍以管仲、晏婴诸臣配享。宋景祐二年(1035 年)、明成化三年(1467 年)、清康熙六年(1667 年),县衙官员都曾提及或重修此庙。明成化三年,巡按御史贾奭令、知县蒋凤在临淄建立先贤祠,与名宦、乡贤祠合并,奉祀周太公、桓公、管仲、晏婴等共计十三人。在管仲故里安徽颍上,也对这位乡贤有相应的祭祀活动,管鲍祠、管仲墩、四贤祠、当地学校文庙内的乡贤祠等都显示了家乡民众对管仲的崇敬之情①。国家和地方对管仲的治国功绩进行祭祀尊崇,但在一般民间,管仲

---

① 张艳丽:《太公配飨·地方先贤·盐业之神——论古代官方祀典系统里的管仲形象》,载《管子学刊》,2011 年第 3 期。

更多的是作为行业神,受到更为广泛的阶层受众包括官方、从业者和民众的祭祀与崇拜,这与管子的一些治国策略有一定关系。管仲在齐国为相期间,提出"官山海"之国家经济政策,即由国家来控制山林川泽之利,并推行盐铁专卖,使齐国逐渐富强,走上了王霸之路。而管仲作为中国盐业发展史上最有名气的政治人物,被奉为盐业神而受到民众祭祀。尤其是在中国著名的产盐区如两淮、晋南解州、川渝等地,皆可见管仲作为"盐宗神"被祭祀纪念之场景。此外,除了盐业神之外,还以娼妓神的身份为古代从业者所祀,这一现象亦因管仲当时在齐国开设中国历史上第一个官方妓院"女闾"所致①。综上,从国家正式祀典开始,到地方、民间崇拜祭祀的同时进行,管仲这一历史人物以自上而下的主要路径完成了其

---

① 《战国策·东周策》载曰:"齐桓公宫中七市,女闾七百,国人非之。"并未指明管仲就是设置"女闾"之始作俑者,不过齐桓公时期的政策制定者基本上都是管仲,因此至明人谢肇淛《五杂俎》则云:"管子之治齐,为女闾七百,征其夜合之资,以佐军国。"清纪昀在《阅微草堂笔记》中也写道:"娼族祀管仲,以女闾三百也。"将开设"女闾"的举动终于坐实于管仲身上。

信仰的丰富过程,显示出国家政策对地方和民间的强大化育作用。

第二种情况为,一些起自民间的、名不见经传的人物对一地百姓有功,死后成为一方信仰,在民间各界不断"发明"的灵验故事与越来越兴盛的香火中,通过地方政府的"运作"或"上报",得到国家的重视,于是王朝正式颁布诏令赐封此神,使其跻身于拥有国家"正祀"身份的神灵行列。民间俗神信仰中这一"自下而上"之"晋升"方式,自唐时萌芽肇始,到宋开始大面积实行,终及中国古代社会后期,成为一般级别意义上的民间俗神信仰"晋升"路线,并越来越有成为主流之势。

唐代始有且开始实行对立祠祭祀等地方事务向中央王朝申报请求批准的制度,但主要表现为一些在地方上任职而有作所为的官吏而设的生祠。从学者的研究可知,唐代百姓为能吏或功臣立生祠,不仅是纪念他们过去的功绩,更现实的愿望是祈求未来的幸福,或减少未知灾难带来的惶恐,已经初步有了俗神信仰之意味;而对于百姓的这些信仰,国家具有相当程度的认同和容忍,地方若向中央提出在本地立某人生祠的申请后,中央政府也要进行认真的审查,其程序为:百姓—县—州府—考功—皇帝[1]。这种逐级报批的程序与宋代对地方祠祀的赐额、赐号之程序非常接近,或者说直接影响到宋代祠庙管理制度[2]。两宋时期,各种祠庙遍布各地,不计其数,这其中就有各地在当时涌现的一些地方民间俗神信仰。申报当地有影响的、有正面意义的祠典入国家祠典,是地方政府之职责。中央多次下发诏令,要求地方政府申报灵验的祠庙。如神宗熙宁七年十一月二十五日,诏曰:"应天下祠庙祈祷灵验,未有爵号者,并以名闻,当议特加礼命。内虽有爵号,而褒崇未称者,亦具以闻。"徽宗建中靖国元年三月二十四日,礼部令曰:"诸州神祠加封,多有不应条令。今欲参酌旧制,诸神祠所祷累有灵应,功德及人,事迹显

---

[1] 雷闻:《唐代地方祠祀的分层与运作——以生祠与城隍神为中心》,载《历史研究》,2004 年第 2 期。

[2] 刘雅萍:《宋代民间神灵的"转正"之路》,载《海南师范大学学报(社会科学版)》,2010 年第 6 期。

著,宜加官爵、封庙号额者,州具事状申转运司,本司验实,即具保奏。道释有灵应加号者准此。"对于这种现象,韩森女士评论道:"出身低微但仍属地方性的神祇也被纳入了诸神体系。那是一些因灾难死去或夭折的人。去世后,他们的坟头出现异象,或托梦给信徒,告知他们自己的神力。宋廷在北方受异族的压力,又受赋税支绌的困扰,转而求助于神祇,颁布了越来越多的综合性敕令,承认地方性神祇的神异力量。以前各代曾将爵号赐封给少数几个神祇,以奖励他们的灵迹,但从 11 世纪开始,宋廷向神祇封赠了更多的爵号。官员们对地方神奇是否灵验进行努力识别,然后将许许多多荣誉头衔封给了平民出身的神祇。"①从宋代开始,这种由平民而成为民间俗神,甚至受到中央王朝封赐者越来越多,妈祖即是其中最为显著者。

有关妈祖最早的文献,为南宋绍兴二十年廖鹏飞写的

---

① [美] 韩森:《变迁之神——南宋时期的民间信仰》,包伟民译,浙江人民出版社 1999 年版,第 8 页。

《圣墩祖庙重建顺济庙记》一文[1]，其中记载到妈祖林氏为湄洲岛人，"初，以巫祝为事，能预知人祸福；既殁，众位立庙于本屿"，可见妈祖之原型林氏是宋代湄洲地方一个最普通不过的职业女巫，因为在当地百姓中颇有影响，死后受到祭祀。北宋宣和年间，路允迪出使高丽（今朝鲜），在途中遇到风暴，得到妈祖保佑，他回来后为妈祖请封，其庙被命名为"顺济庙"，妈祖成为海神。此后，妈祖所得封号越来越多，南宋绍兴二十六年封灵惠夫人，三十年增封"昭应"二字；淳熙十年，封号至"灵惠昭应崇福善利夫人"；光宗绍熙元年，在莆田籍宰相陈俊卿的主持下，又晋封妈祖为"灵惠妃"，意味着妈祖已享受至"王"的等级待遇。据统计，至宋末，妈祖得到的封号已有十四次之多，虽然宋代大封群神，但在一位神祇身上封赐这么多次，亦非常事。据学者分析，这是因为当时妈祖信仰已经在福建沿海各地渔民的心目中具有较大影响，朝廷

---

[1] 据徐晓望《妈祖的子民：闽台海洋文化研究》（学林出版社1999年版）中所称，廖鹏飞此文载于莆田白塘李氏家族的《白塘李氏家谱》忠部，为莆田文物工作者于文物调查时候所得。

采取的是顺水推舟、化用民间文化为己张目的策略。北宋宣和年间的"顺济"庙号是历代帝王赐封妈祖的起点,也是国家政治利用特权构建关于妈祖的官方叙事的重要标志①。

此后几百年间,历代皇帝出于种种原因,对妈祖累累封赐、层层进爵,从最初的"夫人"至"妃"、"天妃"、"天后",再到"天上圣母",直至无以复加并列入国家祀典,在历代王朝的努力下,最终树立了妈祖作为唯一海神的至高无上地位,也使妈祖这一民间信仰的传播范围愈益扩大,几乎遍及中华全境;同时,她的名字还伴随漂洋过海的华侨、海员和外交使节,传至世界各地,成为颇具世界影响的海神。

值得注意的是,自元世祖至元十八年(1281年)封妈祖为护国明著天妃以来,"护国"二字从此与妈祖结下了不解之缘。从元到清,各代皇帝共为妈祖加封达二十二次,带有"护国"二字的就有二十一次,其中元成祖、仁宗、文宗时的加封

---

① 张士闪:《传统妈祖信仰中的民间叙事与官方叙事》,载《山东艺术学院学报》,2007年第6期。

更是树起了"护国辅圣"的鲜明旗号。所有这一切都显示着历代中央王朝统治者利用、改造并颠覆妈祖的民间叙事,为己所用,最终在这一民间信仰中加诸了"国家权力在场"之局面。

地方秩序建构和国家祭祀相互作用,完成了神灵之正统过程,其间国家政权的引导和教化作用不可低估。一般来说,地方神灵得到统治阶级的承认途径主要通过"赐额"来实现。所谓"赐额"由两部分组成,其一是政府敕封于神灵的封号;其二便是民间信仰的物质载体——各种祠庙。为彰显神祇之正统地位,朝廷的赐号往往会被作为祠庙的匾额高悬于门楣之上以示众人。

众望所归

上述两节论述了在造神过程中,国家、地方、民众三方的在场与积极互动。笔者之所以将中国古代传统社会划分为这三个层面,实际上是从权利分配之自上而下顺序来考虑的。在这里,"国家"即是王朝,为真正之统治阶层,它以皇帝为核心,由贵族、中央官吏等群体构成,为帝国权力之最高层;而地方其实是中层,冯贤亮先生提出过关于"中层社会"的理念:"士绅阶层,不过仅限于地方社会而已,即封建社会的乡村耆老、富裕的民户、地主、商人、举监生员、在任或退职的下层官吏等,他们积聚了一个社会中最大部分的财富和知识力量,并获得了一定的政治资源,从而在政府与下层民众之间构成了一个十分有影响的中层社会。"① 冯先生所说的其实是传统意义上人们所公认的"地方精英",而笔者认为中层社会应该是由地方政府和地方精英两部分组成。至于下层,自不必说,是在政治上、经济上和思想上都没有过多权力分配的下层民众,这应该是中国传统社会中的真正之民间。在造神过程中,上中下三部分是互动的,以上两节的讨论也大致覆盖了这三个阶层中的一些群体,然而笔者认为,还有

---

① 冯贤亮:《传统时代江南的中层社会与乡村控制》,载《学术季刊》2002 年第 2 期,第 166—175 页。

一些社会群体在中国民间俗神信仰建构和传播之中的影响与作用是不可忽视的,即下文将要关注的神职人员以及商人阶层。

◎ 祝诅驱神灵

诚如上文分析,中国古代社会之民间俗神信仰实源于民众生活需求境遇下的自然及实用选择,并因"神道设教"思想与区域控制等政治目标下对各神灵的加封和赐额等官方行为而兴盛,在民间与官方的互动与妥协之间,有正祀与淫祀之分。其实,在造神过程中,我们始终不能忽视一股力量的存在与影响,这就是代表不同宗教归属的神职人员群体对于造神活动的介入和参与,他们或为个人利益,或因其他目的,以各种形式参与一些活动,间接或直接地影响着中国民间俗神信仰。

中国古代社会中,在民间从事宗教服务活动的"神职人员"一般有僧、道与巫(巫觋),其中"巫"的历史非常悠久,鲁迅先生在《中国小说史略》中提到:

中国本信巫,秦汉以来,神仙之说盛行,汉末又

大畅巫风,而鬼道愈炽;会小乘佛教渐入中土,渐见
流传。凡此,皆张皇鬼神,称道灵异,故自晋讫隋,
特多鬼神志怪之书。其书又出于文人者,有出于教
徒者。文人之作,虽推好释道二家,意在自神其教,
然亦非有意为小说,盖当时以为幽明虽殊途,而人
鬼皆实有,故其叙述异事,与记载人间常事,自视固
无诚妄之别矣。

这一段揭示了中国自古以来就有鬼神信仰而使巫风盛
行的关联作用。鲁迅先生所说的巫,是人与鬼神相通的使
者,早期的人类都信巫,这是人类社会发展初始阶段形成的
一种社会现象,巫的活动被称为巫术。关于“巫”与“巫术”这
一类对人类生活影响巨大的文化现象,一直是学界的研究热
点,西方学者对巫术进行了大量的研究和不断完善的界定,
经过一个多世纪的研究和讨论,学术界对于巫术的一些基本
性质和特征已经形成了比较一致的看法,即:“巫术是在原始
思维方式指导下产生的旨在控制事物发生、发展和变化结果
的人类行为;巫术在大多数情况下是一种社会性的行为,往

往成为一种传统习俗,从而使人们对它产生盲目的信从。这种盲目信从的巫术行为有可能不再借助当事人个人的逻辑思维,仅仅是一种习俗或信仰的履行而已。"[1]在远古时期,人类处于对自然恐惧和敬畏的"万物有灵"的心态背景下,"巫"是对于人类日常生活、生存中一类具有特殊及重要作用的职业群体。因此,上古时期的"巫"具有双重身份,既是事神之巫,又是神之本体,代表上帝和祖先之神,是神灵与人事的交流沟通者,因而"巫"在中国古代典籍中出现较早且频率很高,如许慎在《说文解字》中说:"巫,祝也,女能事无形,以舞降神者也。象人两衮,巫形,与工同意,古者巫咸初作巫。""觋,能齐肃事神明也,在男曰觋,在女曰巫,从巫从见,徐错曰能见神也。"这里的"无形"即鬼神,因而巫是被现实世界中客观存在的"人"所赋予或者拜托的与想象世界中主观存在的"鬼神"沟通的一种角色群体,他们在通神之时通过一系列

---

① 詹鄞鑫:《心智的误区——巫术与中国巫术文化》,上海教育出版社 2001 年版,第 30 页。

活动,如舞蹈唱歌之类,并施用一定的技术,我们把这种行为称为"巫术"。在原始社会,人们出于对自然的敬畏而选择相信巫与巫术,而在步入文明后的阶级社会,人们选择巫与巫术乃是一种"习俗或信仰的履行",但也不排除还有对自然敬畏的成分存在,这就是"巫"这一职业群体在中国远古到古代社会身份转向和社会地位变迁的主要线索。在客观上,巫也起着推动造神的作用。当然,随着人类社会的发展和科技的进步,巫在事神方面的动机与行为已经变得越来越功利,甚至于欺诈百姓而使自身获得利益,这也是中国古代社会中"巫"的名声越来越坏的原因之一。

众所周知,殷商和西周时期,无论在上层还是民间社会,巫风普遍盛行,而当时以楚国尤甚。由于巫师是神灵与人事之中介,因此巫在社会中应属于一特权阶层。两汉时代,人们普遍认为巫祝们可以通过祝诅驱动神灵,如《汉书·郊祀志上》中所载的齐人少翁故弄玄虚地"招魂"李夫人,雄才大略的汉武帝亦是深信不疑的。魏晋南北朝时期,巫觋们出于私欲,大量造神,再假借神名,敛财祠祀。《宋书》卷八十二《周朗传》

载宋孝武帝即位后，周朗上书道："凡鬼道惑众，妖巫破俗，触木而言怪者不可数，寓采而称神者非可算。其原本是乱男女，合饮食，因之而以祈祝，从之而以报请，是乱不诛，为害未息。凡一苑始立，一神初兴，淫风辄以之而甚，今修堤以北，置园百里，峻山以右，居灵十房，糜财败俗，其可称限。"巫觋摇唇鼓舌，祸乱百姓，聚敛了大量财富，也败坏了民间风气。又如《梁书》卷三十九《王神念传》曰："神念性刚正，所更州郡必禁止淫祠。时青、冀州东北有石鹿山临海，先有神庙，妖巫欺惑百姓，远近祈祷，糜费极多，及神念至，便令毁撤，风俗遂改。"

在生产力落后、认识水平低下的时代，迷惘的人们需要鬼神，可世上本无鬼神，于是人们就创造出鬼神。就是说，神因人而存在，它实际上并不存在于现实客观世界，而活在人们的观念之中。基于此，宣传鬼神的存在及其灵验，成为以通鬼神为生的巫觋最经常的工作。巫积极参与造神运动，宣扬神灵的威力，主要是为自己的活动创造平台或者获得利益。如唐代的女巫活跃于民间、宫廷，成为影响人们精神生活和日常行为的重要力量。在造神运动中，女巫在选择神祇上起到重要作用。《太平广记》中有这样一段故事：据说唐玄宗在东封泰山时，道经华阴，看见西岳神在数里之外迎接陛下，问左右随从人员，竟没有一人看见西岳神在何处。唯独女巫阿马婆上奏唐玄宗，《太平广记》中载曰：

> 独老巫阿马婆奏云："在路左，朱发紫衣，迎候陛下。"帝顾笑之，仍敕阿马婆，敕神先归。帝至庙，见神橐鞬，俯伏殿庭东南大柏之下。又召阿马婆问之，对如帝所见。帝加礼敬，命阿马婆致意而旋。寻诏先诸岳封为金天王，帝自书制碑文，以宠异之。

唐玄宗封西岳神为"金天王"，并亲自为之撰写碑文。在这样的事件中，玄宗成功地神化了自己的身份，把自己化成神的代表来统治人间，满足了他的个人欲求；但其中女巫的作用亦不可忽视，在塑造神化"金天王"的过程中，女巫阿马婆虽然并不处于中心的地位，但她的作用亦无人取代。

非常有意思的是，从此唐代的女巫们与这位"金天王"结下了不解之缘。如女巫薛二娘，"自言事金天王"，凭着"金天

王"的特殊身份,给民众祛除邪厉,巫觋自身声望得到大大提高,亦得到民众的崇信,对此《太平广记》卷一百五十五载:

> 相国李固言,元和六年,下第游蜀。遇一姥,言:"郎君明年芙蓉镜下及第,后二纪拜相,当镇蜀土,某此不复见郎君出将之荣也,愿以季女为托。"明年,果状头及第。诗赋有人镜芙蓉之目。后二十年,李公登庸。其姥来谒,李公忘之。姥通曰:"蜀民老姥,尝嘱李氏者。"李公省前事,具公服谢之,延入中堂。见其女。坐定又曰:"出将入相定矣。"李公为设盛馔,不食。唯饮酒数杯,便请别。李固留不得,但言乞庇我女。因赠金皂襦帽,并不受,唯取其妻牙梳一枚,题字记之。李公从至门,不复见。及李公镇蜀日,卢氏外孙子,九龄不语,忽弄笔砚。李戏曰:"尔竟不语,何用笔砚为?"忽曰:"但庇成都老姥爱女,何愁笔砚无用耶?"李公惊悟,即遣使分访之。有巫董氏者,事金天神,即姥之女。言能语此儿,请祈华岳三郎。李公如巫所说,是儿忽能言。

因是蜀人敬（"人敬"二字原本无，据《酉阳杂俎续》二补）董如神，祈无不应。富积数百金，怙势用事，莫敢言者。洎相国崔郸来镇蜀，遽毁其庙，投土偶于江，仍判事金天王董氏杖背，递出西界。寻在贝州，李公婿卢生舍于家，其灵歇矣。

西岳神"金天王"本为华山信仰，按说在蜀地应该没有那么大的市场，然而在这一段记载中，一个女巫董氏竟然靠着极力宣扬与渲染，成功地使蜀地"金天王"信仰风行一时，同时其自身身份也被神化，不得不使人思索巫觋在推动民间俗神信仰中的特殊作用。

如果鬼神不显灵，难免影响巫觋的生计，因而在古代，不乏巫觋刻意制造鬼神灵验的事例，如南宋人费衮《梁溪漫志》卷十《江东丛祠》载曰：

江东村落间有丛祠，其始巫祝附讬以兴妖，里民信之，相与营葺，土木寖盛。有恶少年不信，一夕被酒入庙，肆言诟辱，巫骇愕不知所出。聚谋曰：

"吾侪为此祠，劳费不赀，一旦为此子所败，远迩相传，则吾事去矣。"迨夜，共诣少年，以情告曰："吾之情状若固知之，傥因成吾事，当以钱十万谢若。"少年喜问其故，因教之曰："汝质明复入庙，詈辱如前，凡庙中所有酒脴，举饮啖之，斯须则伪为受械，祈哀之状，庶卬吾事，今先赂汝以其半。"少年许诺受金。翌日，果复来庙，延祖裼叫呼，极口丑诋不可闻。庙傍民大惊，观者踵至。少年视神像前方祭赛罗列，即举所祀酒悉饮之，以至榖馔无孑遗，旋俯躬如受系者，叩头谢过。忽黑血自口涌出，七窍皆流，即仆地死。里人益神之。即日喧传，傍郡祈禳者云集，庙貌绘缋极严，巫所得不胜计。越数月，其党分财不平，诣郡反告，乃巫置毒酒中杀其人。捕治引伏，魁坐死，余分隶诸郡，灵响讫息。

故事中，巫觋为了骗取钱财，不惜设计杀人，以达到渲染鬼神灵验的目的，类似情况在《夷坚志》的《益都满屠》、《关王幞头》中也有反映。

从上面多则故事可知,中国传统文化土壤中生发的神职人员"巫"在造神过程中的作用不可小觑。另外,自东汉以降佛道盛行以来,制度化宗教的神职人员僧侣亦加入了造神之行列,唐宋以后,民间俗神多为佛教吸引而成为其神,这能从多个事例上皆可感知,而这种情况当然与佛教自觉自愿地进行"中国化"的适应有关。事实上,这种适应是有成果的,从民间老百姓对民间俗神有时不加辨别地亦尊称之"菩萨"这一举动也可以证明这一点。而历史上多位民间俗神也正是因为有了佛道身份,才能在民间更加广泛地被尊崇和承认,这也显示了民间俗神信仰与制度化宗教之间的互动与融合,而这种互动正是以其各自都要获得中国民众的精神消费市场为大前提的。

◎ 无祖不立行

宋代以后,随着宗族的发展、社会身份制的传统观念和经济环境的急剧变化,商人的活动范围日趋扩展。商业规模的扩大带动了珠算、簿记等细节技术和金融货币等日常基础设施的发展,为过去单独行动的商人提供了长途贸易这一全新的职业领域。商人为适应于此,组成了集体活动的"帮",从而使商业活动的组织性和团体性加强。从商人立场来看,长途贸易虽然充满了机遇,可能获得更多的利润,但同时也伴随着在路途上历经艰难、到达目的地后适应陌生环境的种种不易,还要面对商业上的风险和思乡之情,在这样的情境下生活,将心理的种种不安求助于神灵是水到渠成的举动。因此,在中国古代社会后期的民间俗神信仰"发明"和传播过程中,商人的作用亦是显而易见的。在中国社会,民间信仰虽然突出祭祀和信仰之结合,但可以发现其共同特点都是借着宗教或"半宗教"之外衣,来形成有强大凝聚力的社会组织。因此在商人发明并传播民间俗神信仰的过程中,他们可以选择的神一般有两种,一种是与自己所从事行业有关的行业神或比较笼统意义上的商业神;一种是将自己的家乡神随着自身的商业活动播迁他处。

宋明以来,特别是 16 世纪之后,商人从士农工商的传统社会体系开始,在增长经济实力的同时巩固其影响力。通过士商合流的巨大变化,其社会地位得到一定程度的提高,但当时的"交易成本"仍然很高,那是因为国家并未提供一套运作有效的法律规范以及支撑法规实行的司法制度来降低和缓解这些交易效率低下、交易成本高昂的状况。在万分无奈的同时,习俗道德与产销组织仍然肩负起降低交易成本的重任,可想而知,明代商人所面对的市场制度环境仍然十分艰难,因此他们认为在这种环境中当务之急是"自觉地团结,共享精神上的安定,拓展接触社会的窗口"①。在这样的语境之下,行会通过宗教信仰和共同的祖先神崇拜实行全行业的精神整合,即所谓"以礼义事神明谐众志",通过祀神达到行业观念和行业集团意识的形成与维护。明清时期,商业发展突飞猛进,明显体现在行业的增加上,不论三教九流,五花八门,三百六十行,各行各业都得到了发展,为实现行业的团结,依据行规进行的各种活动盛况空前。从"三百六十行,无

① [韩] 李和承:《明代传统商人与职业神》,载《中国社会经济史研究》,2002年第1期。

祖不立", "人各有业, 业各有祀", 到商人崇拜的一些商业神,
都是中国传统社会后期商业大发展和制度极度匮乏之间矛
盾的体现。行会为行业神建造祭祀所用的庙所, 定期开办祖
师会、赛会等活动, 依据各阶段的差别举行仪式, 带上神秘色
彩, 来提高行会人的领导意识, 这些都有利于更好地使得商
人适应种种环境之不便。行业神繁荣的另一种功用是通过
与此相关的活动来接触社会, 各种有关于行业神的戏剧十分
繁盛, 以一些狂欢娱乐活动增加了与百姓之间的亲切互动,
同时提高了自身的社会地位。

　　宋明以后, 商业发展的另一个特点就是区域商人的产生。
虽然之前的中国社会中就存在商人的集团化现象, 但却没有
像明代以后那样, 血缘和地缘的特色如此明显。特别是在外
地, 商人们根据出生地结成帮, 彼此之间提供便利, 在一定程
度上也形成了对其他集团的排斥。这种集团化现象所具有的
强大的竞争力, 得益于地域商业集团们自己最熟悉的文化背
景之约束, 商人们对自己所属的乡土文化带有强烈的归属感
和同质意识, 由此而上升成为集团意识, 在这意识中间起着支

持和基础作用的,莫过于其出生地的乡土俗神信仰。中国地
方俗神信仰在固定的地域社会中起着维持地方秩序、促进社
会意识整合的重要作用,一旦被地域集团的商人携带出来,在
客居地同乡商人以分担辛劳为目的,建立会馆,公所"上以妥
神灵,下以敦乡谊","事逢横逆,更当相扶",利用神道谋求地
域之共同利益,其整合功能大大增强。在《变迁之神》中曾经
提到过一个小小案例,来说明南宋时一般的小商人出行时都
会带上家乡的土神以保平安。书中提到,在连接浙江德清县
城与新市镇这两地之间的一条河流上,有一个名为新塘的乡。
由于水路要冲的有利地位,促使当地居民从事一定的贸易活
动。这里的土地神是六朝时期的一位英雄陆载,南宋隆兴元
年(公元 1163 年)的庙记碑文《孚惠庙敕牒碑》先是记载了陆
载的生平,内容与正史无异,接着笔锋从六朝转至宋代:

> 宣和、建炎间邻境盗贼窃发,所致惊扰,独新塘
> 无毫发侵犯。本乡土豪率众防守,梦神遣阴兵为
> 助,他乡人皆来避,地倚神以为安。本乡或遇水旱,
> 祈祷雨旸必应……本乡多种茭莲,昨岁尝为虫蠹所

伤，即祷于神，一夜大风，其虫扫去俱尽……本想居
民多以舟船远出商贩，启行之日必先祷告于神，仍
画像于船内，朝夕祝之。如巡江湖，虽遇风波之险，
每获安济。

从以上碑记描述可知，陆载已经不仅仅是种植庄稼或者
经济作物的农人的神祇，而且还成了将这些庄稼远送到市场
出售者的神祇了，只是在南宋时期商人还未形成像后世那样
的地域化集团。到了明清时期，各地商帮集团形成，常年在
他乡打拼做生意的商人们在客居地建造会馆，原乡的俗神信
仰也被供奉在了会馆里，甚至还影响到客居地的民众，其中
较为著名者有广东佛山商人的北帝信仰、福建商人的妈祖信
仰、江西商人的许真君信仰、山西商人的关羽崇拜、湖广商人
的大禹崇拜、贵州商人的黑神崇拜、徽州商人的朱熹崇拜、济
宁商人的金龙四大王信仰 ① 等。在客居地进行商业贸易的

---

① 向福贞：《济宁商帮与金龙四大王崇拜》，载《聊城大学学报（社会科学
版）》，2007 年第 2 期。

同时,这些由商人们携带而来的原乡俗神信仰还会影响到对客地的民众信仰,为当地的民间文化增添新的内容。正如明清史学者范金民先生所说:"各地商帮都崇奉固定的神祇,如福建、广东这些以航海为主的商帮以及其他沿海商帮都崇奉蹈海救难、屡显灵验的化身天妃,如果不是在当地,天妃宫往往就是这些商帮的会馆所在地;徽商、宁国商人、山陕商人、江浙商人、山东东齐商人等,崇奉忠肝义胆、正义伟力的象征关羽关老爷;山东济宁、江淮的商人崇奉宋末殉节、庇佑河运的生员谢绪为金龙四大王,各地的大王庙往往为这些商帮所建;江西商帮崇奉曾为旌阳县令的许逊为许真君,有的会馆直接成为旌阳会馆。这些神化了的忠义、力量的化身,经历代渲染,都成了护佑一定地域或行业的功德神,已经超出了乡土神的范围。奉祀这些神祇,既可以祈求保佑,又可以借以树立各地域商帮特有的形象。"①

---

① 范金民:《身在他乡不是客——清代商人会馆的功能》,载《寻根》,2007年第6期。

第四篇　祀神求福

奉神之所

在神灵信仰中,祠庙之确定是获得广大民众承认膜拜的第一步,亦是最终信仰确立之关键关节,它的主要职能即是为民众进行神灵信仰实践提供专门场所与活动空间。庙的实质亦在于偶像之供奉。《白虎通·宗庙》言:"庙者,貌也。"《释名·释宫室》曰:"庙,貌也,先祖形貌所在也。"庙的偶像意义是人民心理形象之具体体现。正如韩森女士研究发现,神祇对塑像、祠庙的苛刻要求,完全是以信徒的主观感知出发的。神祇们关心自己的形象、祠庙及庙址方位等情况,是因为作为神祇,他们需要得到信徒的承认,一旦失去这种承认,他们自身也就失去了神灵与活力。韩森认为,"像身的损坏会伤害神祇,同样,修复像神则有助于神祇","居住条件的好坏不仅影响着神祇的福气,还影响着神祇的威灵。祠庙粗心壮观,位于庙中的神祇也就能够显示灵迹。若住所破旧颓败,说明此中神祇已被人们所忽视,他也就无法再为人们降雨、治病"^①,其实质正是心理学上和管理学上所谓的"羊群效应"。祠庙簇新壮观、神像威严精妙显示这神一定有其过人之处,才能引来信众的如此重视,相反地,则说明此神神力已不再,人们也不会关注他(她)或者再花钱在他们的祠庙或塑像上去,因此祠庙与造像往往是一个神祇是否灵验之风向标。

祠庙祭祀以"文"与"像"为主要内容,"文"即事迹,"像"即偶像、造像,因此造像是中国民间俗神祠庙中的一大构成部分。由于中国民间信仰的庞杂和多元化的特点,民间祠庙的造像也是散漫不规的,这表现在两个方面:第一,造型有无并不确定;第二,造型形制并不统一。中国祠庙的有无造像,取决于祠庙的类型。段玉明先生将中国祠庙的类型从功能上区分为保障型祠庙、教化性祠庙和纪念性祠庙。他认为,一般而言属于保障性的祠庙都有造像,如天后宫、行业神庙、地域神

---

① 〔美〕韩森:《变迁之神——南宋时期的民间信仰》,包伟民译,浙江人民出版社 1999 年版,第 52、第 54 页。

等祠庙,但是由于基本没有职业神职人员在内,所以祠庙的造像也就缺乏稳定信众的持久关心与护持,不可能像佛道等寺观中的宗教神的偶像一样趋于固定化和形制化,相反地民间信仰祠庙多为"谁有钱谁造像,谁还愿谁造像",因而造像也会受到捐款者资金多寡的制约。此外,由于区域文化背景和信众经济情况的不同,造像的规模与体量也不相同。总的来说,民间祠庙造像的形制不一归根结底是由中国民间俗神信仰的散漫不一、多元和庞杂等特点决定的。另外,教化性祠庙是用于标榜道德、倡导精神的,其功能在于精神与教化方面,按例不应有造像,往往只以牌位代替神像,这就可以解释在湖南汨罗屈子祠里看不到屈原的尊貌的缘由了。至于纪念性祠庙,常常处于保障性和教化性祠庙两者之间,既可以有造像,也可以没有造像。这是民间祠庙造像有无的大致情况,下文将介绍在中华大地上普遍存在的两位民间俗神之祠庙情况。

◎ 关帝庙

关帝庙又称"武庙",随着关公由"公"到"侯"、"王"、"帝"

的过程不断发展和完善。关公初封为侯爵之时,祠庙称为"关侯祠"、"壮缪侯祠",属于一般性纪念祭祀祠堂;宋代被赐封为王之后,祠庙规模扩大,改称"关王庙",从现存阳泉、定襄、沁县等地宋金庙址遗迹观察,有戏台、门庑、厢房、献亭、王殿等类型的建筑①。元时,关庙数量显著增多,时人郝经在《重建关庙记》碑文中载曰:"所在庙祀,燕赵荆楚为尤笃,郡国州县、乡邑闾井尽皆有庙。"一语道破了关庙在华北和荆楚地区的普及状态。明清时期,随着不断加封进爵,地位由王至帝,再至帝君,关庙已不同于一般性的历史人物纪念庙堂。从明代中后期,各地关庙都开始不断重修和扩建,建筑规模不断扩大,建筑布局日趋宏阔完善,成为中国祠庙性建筑最有特色者之一,也是中国民间俗神中建庙最多者,至清朝中期,"全国就约有关帝庙 30 余万座,仅北京就有 116 座"②,其数量之多,居各种庙之首。

---

① 柴泽俊:《解州关帝庙》,文物出版社 2002 年版,第 21 页。
② 熊崧策:《关羽是如何被神化的?》,载《文史参考》,2011 年第 7 期。

现存的关庙建筑中,解州关帝庙(山西运城)、常平祖庙(山西运城)、洛阳关林、当阳关陵(湖北)被誉为四大关庙,因而在民间流传着"关公头枕洛阳,身困当阳,魂归故乡"的说法,显示了中国古代社会以关庙为依托的关帝信仰全民普及的信仰状态。

解州关帝庙坐落于山西运城市解州镇西关,北靠银湖(盐池),面对中条山,景色秀丽。解州东南十公里常平村是三国蜀将关羽的原籍,故解州关帝庙为武庙之祖。创建于隋开皇九年(公元 589 年),宋、明时曾扩建和重修,清康熙四十一年(1702 年)毁于火,经十余年始修复。寺庙总面积达 14 万平方米,共有房舍 200 多间。该庙宇众多建筑坐北向南,沿南北向中轴线,分四大部分有序展开:中轴线的南端为"结义园",为纪念刘、关、张桃园结义而建。园内古木参天,山水相依,并建有结义坊、君子亭、三义阁等主体建筑。中轴线北端的主庙,是一个单元甚多而又层层展开的巨大建筑群落,主要由琉璃龙壁、端门、午门、御书楼、崇宁殿、刀楼、印楼、春秋楼和众多牌坊组成,是进行关公祭祀活动的主要场所。中轴线南端的东侧,建有"万代瞻仰"的石牌坊一座,中轴线南端西侧建有"威震华夏"木牌坊一座。中轴线北端东西两侧,为基本对称的主庙附属建筑,有追风伯祠、长寿宫、崇圣祠等等。整座建筑群气势恢宏,庄严规整,向世人昭示着关公及关公文化在中国历史上的显赫地位。

与解州关帝庙同在运城的,是常平关帝家庙和市内的关王庙,其中常平关帝家庙坐落于距盐池约二十里的常平村,是关羽真正的家庙。这里是关羽的出生地,据说当地人对解州的关帝庙并不以为然,说那只是给外人看的。要看"自己"的关公,要拜正宗的关庙,一定要到关羽真正的故里常平去。因为这里供奉的是关公及其父母夫人等家属,呈现的是真正的有人情味的关公。庙总占地面积 1.5 万平方米,前庙后殿,中轴对称,格局严整。其中供奉有全国独一无二的关夫人塑像,显得这里威严而又有浓浓的生活味道,在当地民众中人气极旺。

◎ 妈祖庙

妈祖,原名林默娘,福建莆田湄洲岛人,传说生于北宋建隆元年(公元 960 年)三月二十三,为人善良勇敢,熟悉水性,乐于救助海上遇难的渔民和商船,深受乡里赞誉和爱戴。宋雍熙四年(公元 987 年)九月初九,她为抢救海南渔民而献出年轻的生命,时年 28 岁。默娘死后被人们尊奉为海上保护神而加以崇拜,此后历代帝王也敕封以"天后"、"天妃"、"天上圣母"等品阶和尊称,人们在国内有水上作业的地方修庙供奉,用以祈求风调雨顺和水上平安。此种习俗的发展与妈祖寺庙的发展相联系。

妈祖庙是奉祀妈祖的宫、庙,民间又有"天后宫"、"妈祖阁"、"天妃宫"、"圣母庙"等称谓,有的是单祀,有的是主祀,有的是合祀。自北宋雍熙四年(公元 987 年)第一座奉祀妈祖的庙宇在湄洲岛上建立后,从沿海到山区,由莆田到省内外乃至全国内外,各时各地都建有大小不一的妈祖庙,"天后宫、庙,建立者多。即莆田一邑,已有平海、涵江、莆禧、黄石、吉了、白湖、圣墩、江口及城中文峰宫、西岩等处,不可尽述"①。据《世

---

① [清] 林清标:《敕封天后志》卷下,江苏古籍出版社 2000 年版。

界妈祖庙大全》》[①]提供的最新数字,目前,全世界已有妈祖庙近5 000座,信奉者近2亿人。

　　福建是妈祖信仰之起源地与核心区域,自宋代以来,各地民众先后创建了千百座妈祖庙,其中以福建最多。根据文物普查结果,福建目前保存较好、规模较大且具有一定文物价值的妈祖宫庙(包括部分翻建宫庙)共有196座。这些妈祖宫庙特色突出,价值独具,如湄洲妈祖祖庙为妈祖升天地;贤良港天后祖祠为妈祖出生地;文峰宫是妈祖信仰传播地;平海天后宫是湄洲祖庙分灵的第一座行祠;涵江天妃宫被称为"妈祖第二故乡";福州马尾怡山院为明清两朝中国册封琉球使者和琉球商人祭祀妈祖必到场所;马港天后宫为妈祖衣冠冢之所在;漳州东山宫前天后宫为清代施琅收复台湾之出师地点;泉州天后宫在妈祖信仰的传播中发挥了重要作用,被誉为妈祖信仰之发源地。以上各妈祖宫大致皆为中国传

① 世界妈祖庙大全编辑部:《世界妈祖庙大全》,澳门:国际炎黄文化出版社2005年版。

统的四合院式,建筑面积多为两百至一千平方米,主体建筑多为穿斗与抬梁混合,个别单独为抬梁或穿斗,宫庙中大都有非常华丽的传统装饰艺术如木雕、石雕、砖雕、壁画、剪瓷、绘塑、对联等,特别是妈祖的雕像,形态各异,十分丰富。

湄洲妈祖庙是世界上第一座祭祀妈祖的庙宇,其前身为雍熙四年(公元 987 年)邑人立所立的通贤灵女庙,起初规模并不大,仅"落落数椽",名叫"神女祠",经过多次修建、扩建才形成规模。其中郑和、施琅等历史名人就力主扩建过,建筑规模日臻雄伟,最后形成了正殿、偏殿等五组建筑群,16座殿堂楼阁,99 间斋舍客房;画梁雕栋,金碧辉煌,恰似"海上龙宫"。后来庙宇几经损坏,日渐破败,特别是"文化大革命"期间,妈祖庙受到了严重的毁坏,几乎"夷为平地"。20世纪 80 年代以来,妈祖庙才陆陆续续开始重建,尤其是近十年来,台湾妈祖信徒到湄洲岛祖庙进香日渐增多,目睹妈祖庙的现状,海峡两岸妈祖信徒同心协力,自愿捐物捐资,进行大规模的修复兴建。如今,湄洲妈祖庙不但重显光彩,建筑规模还远远超过了历史上任何时期,更加富丽堂皇,成为当代复建、新建妈祖宫庙中规模最大者。它坐落在莆田市中心东南 42 公里的湄洲岛上,现建筑总面积达 1.8 万平方米,包括西轴线和南轴线建筑群。西轴线有牌坊、长廊、山门、圣旨门、钟鼓楼、正殿、寝殿、朝天阁、升天楼、佛殿、观音殿、五帝庙、中军殿以及爱乡亭、龙凤亭等大小建筑三十六处。南轴线建筑群有寝殿、敕封天后宫殿、庑房、献殿、钟鼓楼、山门、牌坊、天后广场、天后戏台等大型建筑①。整体建筑群浑然一体,布局严谨,宏伟壮观。

进香拜神

　　民众崇信民间神灵,最典型的行为表现为两类,一种是在一定日期自发地到庙宇进行神灵参拜的活动,称为"进香",这种活动有可能是个人的(香客)、小群体(团体)的,也

---

① 《全国重点文保单位和国家非物质文化遗产名录——妈祖祖庙妈祖祭典上榜》,载《福建日报》,2006 年 6 月 5 日,第 7 版。

有可能是大群体(一地民众共同参与)的;另外一种则是较大群体层面上的或者地方层面上的对神的祭祀活动,即在年节或者神诞日期间将神像抬出庙宇巡境,是当地常见的一种节日礼俗,这种民俗事项叫"舁神出游"。当然还有一些遇到突发事件如战争、祈雨、瘟疫、蝗虫之类时的求神,本书不予详解,重点介绍民众祭祀民间俗神时较为固定的仪式性行为,即进香与游神。

　　"进香",是信众到庙宇或圣地烧香朝拜的祭神活动,进香活动可分两种,一种是单纯由于人对神的崇拜而进行的祭祀活动,还有一种是表现人与神、神与神之间的祭祀关系,产生这种情况的前提是民间俗神的分灵庙的存在。前者是较为简单的拜神活动,一般来说,如果神祠在当地的话,进香者以妇女居多。在中国古代父权制社会中,妇女的社会地位低下,她们被剥夺了参与政治的权利,没有社会生活,只有家庭生活,生存空间狭小,日常生活单调,从而导致其或把自己全部心智用于家庭生活,或积极参与各种宗教活动。进香就成为她们消除寂寞、寻求精神慰藉和拓展生活空间的有效手段。尤其是那些婚姻生活不幸福的妇女,更需要有人倾听自己内心的隐秘与悲苦,需要心灵的填充和抚慰,于是只好诉诸各种民间俗神。在古代中国,妇女的交际活动受到种种限制,加入其他团体的可能性更是小之又小,但宗教信仰团体是个例外。由于在民众中具有的强大震撼力,一般男人可以反对自家女眷参与其他的社会活动,却往往不敢阻止她们参加民间神灵信仰相关的组织活动。因此,通过对民间神灵的进香和祭拜,妇女找到了精神归宿,这也为她们游山玩水、遣怀解闷、寻亲访友打开方便之门。妇女在当地进香对象一般是女性俗神,如观音、妈祖、陈靖姑、曹主娘娘等,主要的情愿与祈求内容不外乎婚姻美满、家庭幸福、祈求子嗣之类,一般是当天来回。而女性如果要到外地进香,则一定要有男子陪同:大户人家是由男性亲属和仆人组成的"小型进香团",称为"进散香";下层妇女则跟随香会 [①] 组织前往,相对于士大

[①] 香会,又称香火会、香社、善会,是由信仰相同的民众自发结成的民间组织,领头者叫会首,又称"香头"。会首有正副之分,之下有若干管事名目,负责饭食等事宜。

夫阶层和儒学门第的妇女们,她们的生活方式和受教育程度决定其受礼教约束程度较浅,行动也较为自由,由于这类出行的妇女也有家庭人员陪同,所以人数众多,规模更大。

进香活动的第二种情况是指在分灵庙存在的前提下,信众由各分灵庙到基庙甚至祖庙的拜谒活动。分灵,是指一地民间俗神由于移民和文化传播等原因被带入别地另建"分庙"供奉与原地相同神灵之情形。这种情况以闽台地区居多,福建地处中国东南沿海,东与台湾隔海相望,东北与浙江省毗邻,西南与广东省相连,西北横贯武夷山脉与江西省交界。其地古代属越地,史称"信巫鬼,重淫祀"。至宋元时期,出现了一个造神高潮。在官方、地方、巫道、百姓等的互动下,建构、推崇了大量的民间神明,且在明清时期伴随着闽人移居外地,这些民间信仰也传播到邻近各地。这些神祇一般最初在福建当地都有一间祖庙或元庙,但由于人口流动和文化传播而远至全省各地乃至邻近的粤、浙、台等地,其中尤以在台的基庙和分灵最为典型。据学者研究,闽台寺庙间的分灵主要包括"分身"、"分香"和"漂流"三种形式:闽人移民在从故乡登船下海前,往往先到家乡神庙膜拜,继而恭请一尊当地神像上船,入台后,建庙供奉这一神像,此即为"分身";也有移民只奉请故乡神明的香火袋或神符上船,抵台后加以礼拜,俗称"分香"。另外,旧时福建宫庙流行"放瘟船"驱邪的习俗,有的瘟船会随风漂流到台湾沿岸,当地民众在水边拾到自海峡西岸漂来的神像时,即诚惶诚恐地为其立庙,并加以顶礼膜拜,此即为闽台寺庙分灵的"漂流"形式。福建民间神灵向其他地区"分身"和"分香"的过程,贯穿于闽人向其他地区移民之始终。在早期移民中,为了战胜进入移民地后面临的险恶环境及生活上的种种不适,闽人将家乡的妈祖、保生大帝、清水祖师等神像或香火袋作为护身符带入移民地,建立各神灵在外地的开基庙或分灵庙。福建民间诸神信仰在台湾的开基庙及各地的分灵庙建立以后,即与福建的祖庙产生"血统"上的承袭关系。为了保持和增强这种特殊的联系,各分庙每隔一段时期都要上祖庙乞火,参加祖庙的祭典,以证明自己是祖庙的"直系后裔",这种活动也成为"进香"。台湾历史上的进香活动甚为活跃频繁,这其中包括两种情况：一是各分庙到台湾的开基祖庙进香乞火；二是由在台开基庙发起，选择较有势力和影响的参加，组成赴闽进香团，到福建祖庙进香谒祖。

舁神出游

1928年，著名历史学家、民俗学家顾颉刚先生在其著作《妙峰山》一书中用"舁神出游"来描绘江南赛会的特点，此后这种民俗事象成为社会学、宗教学和人类学等共同关注之学术领域。学者通过研究发现，"舁神出游"严格上来讲可以分为两种情况：一种是"迎神赛会"，这是由上而下的，在年节、神诞日或其他祭祀日，主庙或各分庙的神明被人们从寺庙请出来，到辖地或分庙绕境巡安（所绕之境有特定的区域和界线），接受当地信众的参拜，并举行娱乐游艺活动，然后再择日送回神庙。这一仪式过程强调神对人的保护和庇佑。另外一种叫做"游神香会"，是自下而上的，即分灵神往更高的神庙（如祖庙或开基庙）进香拜谒，将祖庙的香火分入自带的香火炉中带回。它的路程不划定领地内外的边界，出行的队伍所经过地区也未必属于本境。一年四季不定期，通常在神诞日前后。① 这一仪式主要是(下属)神对更高一级神的觐见和拜谒。这种情况主要出现在闽台地区民间俗神如妈祖、关帝、保生大帝等祠祀较为密集而又远播对岸者。但在总体上，顾颉刚先生认为迎神送祟的赛会和朝顶进香的香会实际上都是古代社会(祭社神的集会)的变相②，当代学者郑振满先生在田野调查后也证实了顾先生的论断，认为"村庙大多是由明代的里社演变而来"。

◎ 迎神赛会

迎神赛会，又称"迎神赛社"，为农耕社会之产物，它是一种综合性极强的村社迎神祭神活动，其最早源头为社祭及相

---

① 胡丹：《社会结构中的仪式行为——特纳仪式理论视域下的闽台舁神出游节俗》，载《厦门理工学院学报》，2012年第3期。

② 范正义、林国平：《闽台宫庙间的分灵、进香、巡游及其文化意义》，载《世界宗教研究》，2002年第3期。

关的社火,社祭与社火在后世流变,并与相关的宗教祭祀相
融合,最终形成内容丰富多彩的迎神赛社活动。"赛",本作
"塞",为酬报之意,也指酬神之祭。《史记·封禅书》中记载
先秦而来的"冬塞祷祠"、"春秋泮涸祷塞"等古俗。《神前本
听命本》载曰:"夫赛者,所以报夫地生成之德,而乐享丰年之
庆也……既享大有之利,于望降福之由,于是琴瑟击鼓,迎迓
诸神而报赛焉。"赛,可以追溯于社祭以及相关的社火,经过
后世的流变而形成百神共祀、百戏杂陈的民间迎神赛社活
动。近世以来,迎神赛会主要指民众自发地"请"民间俗神出
游巡会的群体性祀神活动,一般来说有固定的程式和顺序,
即为"请神(迎神)—游神(巡城)—送神"的仪式过程。

(一)迎接神像。为迎神赛会活动之开始。迎接神像之
前,一般当地民众或会首户都得聚齐在场参加,人到齐后,要
举行一定仪式,一般有祈祷祭文和叩拜之礼。

(二)"出游"或"出巡"。又称"游神",即在迎神仪式结
束后人们抬着神像游行,依其出游的时间可分为日游和夜
游,夜游时各户须携带亮堂灯具随神轿鱼贯而行。神像巡行

时总是沿着固定的路线,游行期间有鼓乐与游艺杂技相伴,还有一定的仪仗如伞、旗之类,来显示神之声威,俨然一副帝王出巡场景。如关帝故里山西运城至今还在传承的"关帝巡城"活动,其最初目的是以关帝的神力来祛除鬼祟,保境护民。以每年农历四月初八为巡城活动固定日期,时间从上午九时开始延续至十二时。此次活动以巡城为主,在此之前有迎神、进俎、焚香、荐酒、恭读请神文、献艺等一系列活动,在春秋楼迎请关帝至崇宁殿之后,巡城活动达到高潮,其路线绕城一周后又沿原路至崇宁殿前。巡城的队列有:警车开道、马拉鼓车、人拉鼓车、礼炮车、锣鼓队和唢呐队、标旗队、关旗子队、銮驾、圣轿、奉架人员、花鼓队等。关公所到之处,路边商店店主都会摆出供品和关公像,虔诚祭拜。湖北荆州的"关公巡城"活动仪式亦热闹异常。演剧(戏)也是举行游神活动期间必需的游乐活动,此处内容下文再详细介绍。

(三)宴会。有的地方在巡行结束后,会首们要举行宴会,所用之物就是敬神的供仪,所供食物有荤有素。

(四)送神回殿。

以上则是民间俗神信仰祭祀活动的一般流程,有的村落受庙宇规模的限制,祭祀活动没有请神出位和游神这些内容。如在浙南青田县,几乎每个村都有祭祀女神陈靖姑的庙宇,且每年都举行祭祀活动。祭祀活动一般分为集体祭祀和个人祭祀。其中位于青田西南方山乡境内的龙现村太阴宫,每年有三次固定的大型祭祀活动来纪念陈靖姑,其主要形式是唱经传,仪式流程为"请神—颂唱—送神",较为简略,但主要仪式"颂唱"部分则十分隆重①。

◎　游神香会

除了一般性的迎神赛会,在闽台地区还有一种"舁神出游"形式,即"游神香会",这是福建地区民间信仰中最为典型和特殊之情形。前述闽台民间信仰的"分灵"现象即与"游神香会"紧密相连。福建诸神信仰以"分身"、"分香"及"漂流"

---

① 李亮:《青田县龙现村陈靖姑信仰探析》,载《温州大学学报》(社会科学版),2012年第1期。

的形式,随着闽人移民开发台湾的步伐,走向台湾各地,拥有数量众多的分灵宫庙。他们都会定期举行"分灵宫庙—开台基庙—祖庙"的朝拜进香活动,在这些活动中,在台分庙到开基祖庙的进行活动亦尤为频繁,盛况空前。如妈祖信仰,为福建民间俗神入台后最盛者。台湾民众"拜妈祖,怀故国"之情思甚为浓烈,每逢三月二十三日妈祖诞辰,台湾各地的妈祖进香团仍然坚持举行在台开基祖庙的进香活动,抬着妈祖的神像举行"绕境弘法"的仪式。

　　绕境巡游在台湾寺庙间非常流行。台湾分庙在谒祖进香前后,大多盛情邀请福建祖庙或在台的开基祖庙神灵绕境巡游,主要是想借助祖庙神灵的超常"灵力"来为当地禳灾祈福,并借此仪式进一步增强与祖庙神灵的"血缘"联系。在历史上,湄洲妈祖也曾数次巡游台湾,引起轰动,万人空巷。北港朝天宫是妈祖在台湾最主要的开基祖庙,在全台各地拥有数目众多的分灵宫庙,因此北港妈祖赴分灵庙的绕境巡游活动特别隆重。清代,北港妈祖赴台南、嘉义两地的巡历仪式令人瞩目。道、咸年间台湾兵备道徐宗干曾于《斯未信斋杂录》中论及北港妈前往台南府城绕境巡游之盛大场面：

> 壬子三月二十三日，为天后神诞。前期，台人循旧俗，迎嘉邑北港庙中神像至郡城庙供奉，并巡历城厢内外而回。焚香迎送者，日千万计。历年或来、或否、来则年丰民安……十五日，同镇军谒庙，男妇蜂屯蚁聚，欲进门，非天后神轿夫执木板辟易之，不得前……十六日，神舆出巡，舆夫皆黄衣为百夫长，手执小旗，众皆听其指挥。郡城各庙神像，先皆昇之出迎，复送天后出城而后返。举国若狂，虽极恶之人，神前不敢为匪；即素犯者，此时亦无畏忌，以迎神莫之敢撄也。①

台南府城迎北港妈祖绕境巡游的祭祀仪式也别开生面，据学者李献璋先生的田野调查采访记录如下：（台南）迎接的神轿，最先到者与妈祖接头香者，北港妈祖给与接头香灯

---

① 徐宗干：《斯未信斋杂录·壬癸后记》，载《陈清端公文选·斯未信斋文编·斯未信斋杂录》（合订本），台湾大通书局印行，第69—70页。

(高约一尺之竹骨纸糊者)每一迎接的神轿,与北港妈祖初接头时,约须行三进三退之礼以表敬意,然后才一块儿进入城内,北港妈祖进城之后,首先要抬至太子亭,由大天后宫备办香花茶果,说声"三妈升座",把她请上桌来,受两方董事人参香过二十分钟左右,再请三妈落轿,抬到药王庙去,站着受当事人参香,然后才又抬回大天后宫升座、敬茶,并受信士礼拜,神轿出入,均须一一敲钟擂鼓,不在话下。①

　　然而,妈祖巡游仪式最为盛况空前者当属 1997 年 1 月至 4 月间,湄洲妈祖庙应台湾知名人士陈适庸先生的邀请,组成妈祖金身巡游台湾护驾团,飞赴台湾,进行为期 102 天的巡游。

　　妈祖金身起驾的前一天,来自台湾各地的妈祖庙代表及妈祖信徒一百六十多人组成大陆"湄洲妈祖出游迎驾团",先由台北启程来湄洲,这些善男信女们怀着虔诚的心理,捧着家中请出的妈祖小像或者在台妈祖庙请出的庙中妈祖,诚心

---

① 李献璋:《妈祖信仰的研究》,东京:泰山文物社 1979 年版。

地为湄洲妈祖的首次游台"做足面子"。起驾后,湄洲妈祖全程乘坐的富丽堂皇的銮驾由一位企业家信徒捐资百万元精心装饰。台湾最大的长荣航空公司专派一架波音747大客机到澳门迎接妈祖金身。转机降落台北桃园机场后,妈祖金身在喧天的鼓乐鞭炮声中徐徐抬下飞机,在长荣公司破天荒提供的波音飞机检修中心巨型机棚内举行热闹隆重的迎驾仪仗,主办单位、台湾各地妈祖宫接驾的仪仗、阵头,长荣公司全体员工,接连上香献供。此后,妈祖开始在台各地分灵庙的巡游,其金身所到之处,信徒无不欣喜若狂、奔走相告,争先恐后朝拜湄洲妈祖金身。在妈祖游台的102天里,妈祖金身共驻跸34座分灵宫庙,朝拜妈祖的台湾信众达百万人次,占全省总人口之一半,迅速引起一股叹为观止的"妈祖热"。人们虔诚膜拜、倾注情感,当妈祖要移驾到下一站时,又依依眷恋、难舍难分,显示出情系妈祖、血脉相连的情感。

　　在闽台文化圈的民间信仰里,"灵"以比较具象之形式出现,可以通过在进香仪式中从祖庙香炉中割取的香灰而在整个地域社会中分配。正是这种独特的"灵"的观念和仪式将一个较大区域的社区和人群联结在一起。而"香"的流动是进香活动的核心。香所具有的独特的物性，在分香、进香网络当中具有建立起社会人群关系的意义①。因此从这个意义上来看，我们要重新审视传统意义上以语言、地理、族群归属来划分的"闽台文化圈"，因为像妈祖、保生大帝等具有强烈地域和文化圈标识的民间俗神在福建本省和对岸台湾都具有分香仪式，而由于这些信仰及其仪式而连接起来的共同体，可以成为两岸关系发展之重要文化利用资源。

人神共娱

在一般民众共同参与的民间俗神祭祀活动中，戏剧、歌舞杂艺之类的民间文艺形式亦是必不可少的项目。从歌舞百戏的原始发生学来看，这些文艺样式无一不与原始宗教紧

---

① 王立阳：《文化的生成——"保生大帝信俗"的个案研究》，载《西南民族大学学报（人文社科版）》，2012 年第 6 期。

密相关,某种程度上,正是古代先人在其所处地域中地理、人文环境下进行互动的结果。在生产劳动及现实存在的日常行为中,原始人使用歌舞来作为一种表达他们无限真诚、无比深切的感情的手段,并用于祭祀,因此以歌舞酬神始自上古时期的巫觋降神活动。《尚书·商书·伊训》亦载:"敢有恒舞于宫,酣歌于室,时为巫风。"殷人好鬼而信巫,所言即指此。巫的职能是以歌舞酬神,《说文》曰:"巫,祝也,女能事无形,以舞降神者也。"起源于上古时期的巫风,经夏商两周一直以祭祀祖先、占卜吉凶为主要功能而继续保存。唐宋以降,以乐舞"酬神"在各种复杂的民间信仰文化中得到了广泛的发展。唐人杜佑所撰《通典》记载,各州县祈祭诸神,对象繁杂,其中包括有先代帝王、五岳、五镇、四海、四渎,凡是州县在祠堂祈求风调雨顺,则"皆同祭社之礼","祝文与祈社同"。唐代时戏剧表演已相当普遍,且戏场通常设于庙宇之内,这种情形一直延续到近代。宋代以后,赛社逐渐泛指中国古代宗教中所有的民间祭祀活动。此外,民间祭祀活动又有"赛会"、"赛神"、"酬神"等多种名目,赛社时的乐舞乃至戏剧演出,既是酬神,又是娱人,成为祭祀诸神时的规定形式。中国地域辽阔,不同地域下民间俗神信仰之情景各不相同,于是就形成了地方民众在祭神时的文艺活动或以神歌为主,或以舞蹈为重,或重视演剧酬神的各有侧重的情况,这当然是由各类神祇与地方民众联动关系之差异所形成的。

◎ 唱歌敬神

以歌敬神传统亦生发于先秦社会,楚辞《九歌》就是其中之典型代表,先秦以降,以歌舞娱神的祭祀诗歌被命名为"神弦歌"。从目前已见的古典文献来看,《宋书·乐志》是最早提到"神弦歌"这种音乐体裁的古典文献:

何承天曰:"世咸传吴朝无雅乐。案孙皓迎父丧明陵,唯云倡伎昼夜不息,则无金石登哥可知矣。"承天曰:"或云今之《神弦》,孙氏以为宗庙登哥也。"……然则吴朝非无乐官,善歌者乃能以歌辞被丝竹,宁容止以《神弦》为庙乐而已乎?

可见"神弦歌"产生于孙吴时期的江南地区,且在一开始应该是用于祭祀的宗庙登哥(用于祭典和大朝会时的升堂奏歌）。在此后一段历史时期内，涉及"神弦歌"的，多是曲辞中提及的民间神本事之记载，在江南地区尤以"清溪小姑"和"蒋侯神"为多。六朝志怪小说集《异苑》及《搜神记》中都有关于这两位民间俗神的记载。宋人郭茂倩编著的《乐府诗集》卷四十七亦收入十一首流行于南朝吴越地区的"神弦歌"，其内容仍为专门颂述神祇故事。六朝之后，唐人沿用"神弦歌"旧题而创作的诗歌，如李贺的《神玄曲》、《神玄别曲》，王维的《祠渔山神女歌》等，这些创作已不再是民间巫觋的祭神之曲，转变成为纯粹的文人诗作。然而民间神弦歌并未消亡，反倒在唐宋以后越来越旺盛的民间信仰的祭祀仪式中展演着，表现出其为迎送神祇歌唱的强大叙事功能。这种以歌敬神、以歌赞神的形式甚至今天仍存在于一些地方民间信仰的祭祀活动中，长盛不衰。

如在粤西和海南等地的冼夫人崇拜，历经千年，仍存余韵。其中最令人叹为观止的是当地至今仍有近六百座冼庙，农历每月初一及十五，都有大批女性信徒齐集冼庙，唱诵冼夫人神歌，其内容为叙述冼夫人的经历与功绩，礼赞其威赫与灵验,表达信众祈愿。

　　冼夫人神歌以其来源可分为官方和民间两个系统。冼夫人在生时即屡受王朝册封赏赐,身后亦多次受加封,明初列入官方祀典,至清仍入官方祀典且有重要地位。官祀冼庙每年有三次祭祀活动,即春秋二祭及十一月二十四日冼夫人诞辰,《高州府志·祀典》"本府率官属致祭,仪同名宦"。每年官方祭仪进行至第二环节"迎神"之时,典仪、唱乐、舞生等人员会共同演出恭迎冼夫人前来受享的神弦歌。这些由官方礼仪人员表演的神弦歌,往往出自地方儒学之手,沿袭了《九歌》以来楚辞体神弦歌的文学传统,其内容多着重从历史文献中抽取可用于文学叙事的冼夫人意象,通过种种庄严描写,使女神成为士大夫在地方社会推行教民化俗的极佳载体。从文本上来看,尽管官方神歌在形式上甚为华丽,歌词亦雅驯,然在民间长期存在并活跃的冼夫人神歌却更为生动、活泼、贴近生活,且存在时长应该是大于官方神歌的。虽然其具体起始年代并无考,但北宋苏轼拜谒儋州(今海南)冼庙后,有感而作一首咏冼庙诗,诗中描述当地信众以铜鼓、芦笙等本地特有的民族乐器演奏冼夫人迎神歌与送神曲，"铜鼓壶芦笙，歌此送迎诗"。直至今日，这种民间自发地唱诵冼夫人神歌的民俗传统依然存在，并成为当地冼夫人信仰的绝好载体。

冼夫人神歌在结构上大致分为请神、叙事、祈愿三部分。请神是例行的程式化赞颂；叙事部分叙述冼夫人的光荣一生及被尊为神的大致经过；在祈愿部分，信众向女神倾诉各种愿望，内容大都集中于家庭伦理问题。仔细分析民间神歌文本可以发现，它们与明清时期官祀冼庙表演的神弦歌以及文人创作的颂诗，似乎不在一个文本传统之内。民间神歌多采用七言格式，由于演述者多为乡村妇女，神歌用韵也不规范，这与神弦歌的楚辞体式差异甚大。从文学手法上看，民间神歌几乎不用隐喻、借喻等修辞手段，只诉诸直白的陈述。无论是神弦歌喜用的西王母、《山鬼》等文学用典，还是历史叙事中象征冼夫人权威的"锦伞"、"犀杖"等个人化意象，在民间神歌中都没有出现。因冼夫人信仰真正的民间受众及神歌的民间演唱者大多是文化程度不高的女性信众，她们用自己的话语建构了另一种契合自身群体信仰逻辑的冼夫人形象。至今仍在祭祀仪式上传唱的《冼夫人颂》、《颂冼夫人词语》、《冼太夫人神咒》、《冼太真经》、《迎接冼太嬷》等神曲正是粤西、海南一带乡间妇女借助神圣仪式,表达自己生命体验,抒发自身爱与恨,希望与恐惧,平复内心波澜的有效载体。每月初一及十五,每年冼夫人神诞或其他迎神赛会,众多乡村妇女齐聚冼庙,为心中的女神添油上香,唱诵神歌。[①]

地方社会是神歌生长的文化语境,更是神歌的表演场所;而神歌中所唱赞的神灵,既是礼赞之对象,又是神歌的受众与转播者,民间信仰与文艺联姻,才能长青不败。上述冼夫人神歌正是由于有了民间信仰这种有效载体才能得以长青不败,成为一方民众心灵与情感之展演。

以江苏省苏州芦墟镇刘王庙为例,其地供奉的刘猛将军,是明清以来江淮间赫赫有名的保护神,传说其曾在江淮

---

① 吴真:《民间神歌的女神叙事与功能——以粤西地区冼夫人神歌为例》,载《文学评论》,2008 年第 5 期。

间率兵对农田灭蝗有功,后人在江南各地建祠庙纪念他。芦墟镇草里村的庄家圩庙,供奉刘猛将军神像,俗称庄家圩大老爷。每逢春秋两季,当地都会举行刘王庙会,其中秋季的规模较大,参加人数众多。除了上香祭供等常规祭祀活动外,各种各样的民间艺术表演也是不可缺少的,如舞龙舞狮、担花篮、宣卷等,其中"赞神歌"演唱为最有特色者。赞神歌,民间亦称"神歌"、"烧纸歌",是当地民众在举行民俗活动时演唱的民间叙事歌,主要在人生礼仪、岁时节日等的仪式上演唱,其内容主要是叙述当地民间信仰神灵的生平事迹,其中也有少量生活叙事歌。演唱形式通常为四人组合,一人主唱,手敲小锣;其余三人为伴奏,一人击鼓,一人敲大锣,一人敲钹。歌词基本为七字句,每句节奏为"咚锵咚锵咚咚锵",音乐为江南小调,以《孟姜女》调为主。

在江浙沪交界的吴语地区,民间本就有悠久的唱山歌传统,"吴歌"一直是中国民间文学和文艺中国最耀眼的一种音乐和文学体裁。其中最令人瞩目的是学者在田野调查中发现,吴语山歌之一脉"赞神歌"仍然顽强地留存于当地,尤以江苏吴江、浙江湖州嘉善及上海青浦地区最为典型,成为一道独特的风景线。

　　根据民俗学者郑土有先生的田野调查①,每次庙会期间,来芦墟镇刘王庙唱赞歌的均有五六支队伍,他们均有组织的名号,一般以"××社"命名。其中,"旗伞社"为最具名望的组织之一,因其成员皆为芦墟本地人,核心成员均属当地一沈姓家族及其亲属,是一个以亲属关系(包括师徒)为纽带的民间文艺组织。他们世代以渔业为生,演唱赞神歌已有八九代,演唱的作品有《刘王老爷》、《七老爷》等,均与当地民间神灵相关。所有作品完全靠口头传授,没有抄本。目前的歌头是沈天生(1933年生)、沈毛头(1936年生)两兄弟,两人各率一个歌队,每队有基本固定的五六个歌手,还有几位正在学唱的候补歌手。演唱赞神歌活动的程序大致可分为如

---

① 本段有关于江苏苏州芦墟镇刘王庙赞神歌的田野调查与观点主要依据郑土有先生《信仰:支撑口传文学传承的一种内在力量——以江苏省芦墟镇刘王庙"赞神歌"活动为个案》(载《山东社会科学》2012年第9期)一文而成,特此说明。

下步骤：祭神、赞神、送神。祭神包括准备、摆供、祭祀三道程序。社内成员陆续到场后，分别摆上自家带来的供品，上香、叩拜神灵。祭拜之后，开始赞神歌演唱，这一环节又包括请神、安神、赞神、送神四个步骤。请神通常要请108位上中下各界的神灵；安神则请神灵按固定位置入座，赞神为神歌活动之主体，亦即神灵身世及事迹的歌唱叙事展演，送神是将各位神灵送回原处。从芦墟刘王庙的情况看，所有社演唱赞神歌都是分段（套）进行的，每一段由一位歌手演唱，一般时长约1小时，中间休息10分钟左右，第二位歌手接着唱。

2006年2月1日（农历正月初四）当地专业唱赞歌的团体旗伞社在芦墟镇刘王庙的演唱情况是这样的：

第一唱沈毛头（请神，约45分钟左右，每请一位神伴随着请的肢体动作）；第二唱沈金生（安神，1小时15分左右）。上午9点45分开始，唱约2小时，至11点50分吃饭，下午约1点继续。

第三唱沈六宝（赞神，唱刘王从出生至青年时期的生活，约1小时）；第四唱张寿生（赞神，唱刘王从结婚至成神的过程,约 1 小时);第五唱沈毛头(送神,约 30 分钟)。

根据当地信众介绍,刘猛将军专用的神歌《刘王传》正文共有 7 段,全场不少于 48 小时,平时因为时间限制,只选主要章节进行歌唱。可见,神赞歌与猛将信仰在当地已经是历史悠久且代代传承的民俗文艺活动。

◎ 舞蹈娱神

与神歌一样,舞蹈也是民间神灵祭祀中不可缺少的文艺活动。原始社会时期,由巫充当司神之官,《说文·工部》曰:"巫,祝也。女能事舞形,以舞降神者也。"王逸《楚辞章句》:"惜昔楚南郢之邑,沅湘之间,其俗信鬼而好祀,其祀必使巫觋作乐歌以娱神。"古代之"乐"多指乐舞,巫不仅能通鬼神,还以歌舞为手段沟通人神。"巫"、"舞"同源,已为先贤学者论证,一般来说在民间神灵的祭祀活动中,歌舞是相伴出现、同时进行的,这在中国民俗文艺活动中是比较普遍的现象。然而由于中国民间俗神崇拜的多样性,亦出现一些较为特别的情况,即在祭祀时,以舞蹈为主要娱神活动,而以歌或乐为辅,这种情况以福建莆田"闹妈祖"活动中民间特殊舞蹈的嵌入和一些地区中与民间俗神崇拜有关的傩舞最为典型。

　　福建莆田是妈祖信仰之发源,因此在当地民间妈祖信仰是最普遍也是最虔诚的一种信仰。每逢正月,人们带着对妈祖的崇敬信仰之心,展开"拜妈祖"、"接妈祖"、"妈祖上下宫"等迎神活动,这一系列活动在当地民间称为"闹妈祖"[①]。在有关于妈祖祭祀的民间文艺活动中,有舞龙、舞狮、耍刀轿、摆棕轿和舞凉伞等舞蹈,其中民俗性舞蹈"耍刀轿"、"摆棕轿"是不可或缺的主要内容,已经成为当地祭祀妈祖活动中的重要组成部分。闹妈祖活动一般大致从正月初八或初九开始,在正月十五达到高潮,正月二十五左右结束。整个活动以"宫"为单位展开,人们踊跃参加,热闹异常。整个活动以较有代表性的上林宫为主线进行调查,有以下过程:选举"福首"与"头人"—活动资金筹集—妈祖出宫—妈祖出游—

---

① 本节有关于"闹妈祖"之内容根据陈育燕女士的《湄洲岛"闹妈祖"民俗舞蹈研究》(福建师范大学高等学校教师在职攻读硕士学位论文,2007 年 9月)中相关章节辑录改编而成,特此说明。

妈祖回宫,而"耍刀轿"、"摆棕轿"则伴生穿插于湄洲"闹妈祖"活动中,且居于重要地位。

　　"耍刀轿"主要由两部分人表演,一类是乩童(巫),一类是抬轿的轿夫。在耍刀轿活动中,不同村的乩童所扮演的神明各有不同,一般为齐天大圣、哪吒、二路元帅、杨公元帅等,人们相信借助这些神明,能为自己消灾降幅、逐祟除疫。耍刀轿在闹妈祖活动中主要是在以下两个场合中进行表演。一是在抬妈祖神像出宫时进行,主要是跟着妈祖队伍行动,在"过游"时,在各村的"符地"进行"巡符";二是在妈祖驻跸及回宫时,在驻户门前和宫前与"摆棕轿"交替进行表演。"耍刀轿"的道具主要是"刀轿",外形与旧时坐轿相同,但在其座下、脚蹬和靠背上各安装三把利刀,刀锋朝轿内,两边扶手柄上刻着龙头,扶手的位置上各装两把利刀,呈"X"形,刀口朝上,各刀口皆贴有符咒,椅背上还插有五把三角形令旗,代表着神明的力量。乩童就是坐在这布满刀的轿子上进行表演,且上身着衣简洁,露出臂膀,打赤脚,给人以衣不蔽体的感觉,正是在刀轿和南方春节寒冷的气候下,乩童进一步完成神化，而进入忘我境界，完成广大民众祈求神鬼驱邪除病的虔诚祈愿。

"摆棕轿"亦称"跳棕轿"，明清以来在乡村十分盛行，"棕轿"顾名思义就是用棕料做成的轿子，据说这是"妈祖最喜看的舞蹈"，因此成为福建元宵闹妈祖活动的常规舞蹈。这一表演也由两部分表演者来进行，一类是年轻力壮的成年男子，年龄一般要求在十八至三十八之间，共十八人，两人一组。一类是男孩，年龄一般要求在九至十六岁之间，一共九人。两组分工各有不同，成年男子主要是负责抬着棕轿表演，而男孩主要是拿着三角旗进行舞蹈，其舞步严格按照独特的规范动作及规定图谱进行。各村在闹妈祖进行之前要先组织好人员，主要通过在妈祖宫里卜杯来挑选人员，入队后需夫妻分居，斋戒沐浴三日，方可正式演出。据说妈祖特别喜欢观赏"摆棕轿"，由此托梦于人，因此男孩演员组在进行表演时的舞步是以独特的规范动作及规定图谱进行。妈祖驻跸到哪里，哪里就要进行摆棕轿。驻夜户是抽签而出，人们把屋里打扮得灯火辉煌，桌上摆满了贡品，然后在妈祖驻跸户门前大场或是妈祖庙前场地中心架起木柴,烧起火堆。由九位小男孩各持一小三角旗,十八成人抬着九把棕轿,伴随着鼓、锣、钹等打击乐器的敲打演奏,小孩在前面举着小旗摆动、跳跃、舞蹈,成人抬着棕轿在后面翻、倒、举,按规定谱序进行。每至有篝火之处,定要锣鼓喧天或燃放鞭炮,意为妈祖巡游此地,亦起到通知远近村落准备迎接妈祖舞队的作用。整个过程大约持续两个小时,中间过渡可稍事休息,直至跳完村中最后一堆篝火。火堆不灭,舞蹈不止。群众在一旁热闹围观。小男孩手持三角旗,成人男子手握"棕轿",两者同时进行,其主要特色是其舞步,体现了中国原始信仰及道教对民间舞蹈的影响,摆棕轿严格的步法其实质就是假托远古传说中的"禹步"的道士奉行法事时礼仪规矩的基本法步(亦即所谓的"步罡踏斗"),动作具有很强的流动性,其路线亦大都在以火堆为中心的圆上,给人以此起彼伏、连绵不绝之感。

　　除湄洲岛上正月有"闹妈祖"活动外,在莆田其他地区也有这种民俗事象。各地不仅在时间上略有差异,其舞蹈具体在内容和方式上也各有不同,但以湄洲的最为典型。"摆棕轿"、"耍刀轿"舞蹈就伴生在这些民间文艺活动中,尽管舞步、装扮、人物各不相同,但它们却有相同的实质,那就是倾注了当地民众趋吉避凶的祈愿情怀,而这些舞蹈从某种意义上来说与中国大地上普遍存在的一种民俗——傩舞具有相类似的功能意义。

"傩",是一种古老的祭祀仪式。有关于此的记载最早出现在《周礼·夏官》,其曰:"方相氏掌,蒙熊皮,黄金四目,玄衣朱裳,执戈扬盾,帅百隶而时傩,以索室驱疫。"上古时期的先民认为,之所以有各种天灾人祸,关键是有疫鬼作祟,如果祛除了它们,庄稼就会丰收,人就会平安,于是就用人来装扮凶神以驱恶鬼而求得心理上的平衡。傩祭(傩仪)由此而产生,据记载,先秦时期的傩在一年中的春秋冬共举行三次,可分为国傩、大傩和乡人傩,前两者是国家和宫廷级别的,而"乡人傩"即是民间傩,它往往与民间各种节日祭祀民俗和信仰结合在一起。"傩"从大的方面来说是一种祭祀驱鬼仪式,其中又包括傩戏、傩舞等,根据其表现方式而有不同称谓。

随着时代变迁,起源于方相氏的傩神队伍慢慢发展壮大,其形象也变得丰富多彩。从原始社会时期的"万物有灵"式的抽象神灵,到佛道宗教诸神,甚至是历史人物,只要驱邪灵验的,都可以成为傩神,因此本书所研讨的众多民间俗神亦都在傩神行列。与民间信仰的造神运动一样,民众按照自己的意愿对选中的傩神加以改造和整合,使得傩神系统显得十分丰富而庞杂。据余大喜先生在其著作《中国傩神谱》中不完全统计,常见的傩神神主就有 108 种之多。除了广为人知的钟馗、关羽、城隍之外,还有很多带有地方特色的神,如本书在第二章提到过的贵池傩戏的神主昭明太子。

二郎神也是民间傩戏中经常出现的神主,但本书要提到的是,在青海省同仁县隆务河中游的年都乎村每年都要举行土族傩舞"於菟"活动,和当地的二郎神祭祀活动同时进行,体现了民间俗神信仰与民间舞蹈的伴生作用。

热贡年都乎土族在每年的农历十一月二十日举行"於菟"神舞及"二郎神"祭祀活动,神舞基本上由"前行仪式"、"正行及结束仪式"两部分组成,此舞来源有多种说法,争论的焦点多集中于其来源文化的民族性[1]，但对于其虎崇拜的实质一般并无异议，因"於菟"二字在古汉语中确为"虎"之意。"於菟"舞的前行仪式顾名思义就是前期的准备工作，一般在十几天前即拉开帷幕。尽管较为复杂，但所有仪式中最主要的一个环节是在"於菟"节的前四天，即农历十一月十六日，村民须将二郎小型神像当作本尊，入神轿中抬至年都乎寺院，由早已等候在此的僧人（藏传佛教）将其迎入护法殿。为增强二郎神驱邪除魔、庇护百姓之神力，僧人将对其进行法事活动，并在寺院供奉三日，再由村民将"二郎神"抬回山神庙中。二十日清晨，全村都到山神庙，在法师主持下，进行煨桑[2]、育经、祈祷等祭拜仪式。扮演"於菟"的七名青年男子脱去上衣，裤腿卷至腿根，袒胸露臂站在庙里，由化妆师化装。山神庙中一切仪式完成后，庙外开始放鞭炮时，扮演"於

---

[1] 关于"於菟"舞的来源，主要有"楚风古舞说"、"古羌文化说"和"多民族文化融合说"三种。

[2] 煨桑：用松柏枝焚起烟雾，是藏族集天地诸神的仪式，是藏民族最普遍的一种宗教祈愿礼俗。

菟"的七名男子并不与他人言语,而是在法师的锣鼓声中排成纵队,跳起以"垫步和吸腿"为主的虎舞,与村民一道快速下山进村,到每家每户除邪除魔。显然,此时的"於菟"扮演者已经成为真正意义上的傩神。[①]走访完全村后,"表示七个人将全村的灾难都赎替了",一年一度的以走村串户为村民禳灾驱鬼、请神祈福而举行的"於菟"节落下帷幕。在这场地方节仪中,最值得人回味思索的就是二郎神信仰与当地傩舞的结合,这并非是以二郎神扮演为神主而进行傩舞行为,而是由男子扮演为"於菟"来充当傩神,二郎神充当其祭祀的对象。具体来说,本为汉人民间信仰的二郎神崇拜在向非汉民族地区的传播过程中,与当地的宗教和固有傩舞进行了互动与融合,逐渐形成了具有多民族、多文化特征的二郎神信仰模式。

---

① 李加才让:《安多热贡地区的民间宗教活动——对年都乎"於菟"节及其二郎神信仰的考察》,载《西南民族大学学报(人文社科版)》,2009 年第 5 期。

◎ 演戏酬神

除了唱神歌、跳神舞，演剧（戏）亦是中国民间俗神祭祀活动中出现最为频繁的文艺活动。迎神赛社中的仪式戏剧是民间主要演出形式，民间演剧总是和迎神、祭神有关，举办庙会或相关的宗教祭祀活动都要演戏，其中迎神赛社活动就是民间最典型、最普遍、规模最为大型的演出。迎神赛社过程中所产生衍化出的各种仪式戏剧表演，和为祈求、酬答神麻献演的各种戏剧，是民间演剧的主体部分。

在迎神赛社的三部分"迎神"、"酬神"、"送神"过程中，有众多不同内容及形态的戏剧演出，大体可分为两类：一类是从祭祀仪式中演化出来的戏剧，这些戏剧的主人公是由人扮演的神灵，内容也是神灵的故事，表现形式更是多种多样，有主吟诵的，有主舞蹈的，有主对话的，有时是代言体，有时是叙事体。这种自由的神灵故事表演与祭祀仪式密不可分，仪式过程就是表演过程，戏剧表演也是仪式的进行，离开祭祀仪式，这种仪式戏剧一般不能单独演出，这种形式即称为"作为仪式的戏剧"，其中最为典型的就是傩戏。

前文说过,随着历史的发展和时代的变迁,中国传统傩仪与民间俗神信仰已经有了一定程度的融合,许多民间神灵都是地方傩仪中的"神主",因此傩戏很多也是以"神主"作为演出者来进行仪式演剧,这种情况在傩戏盛行的地区普遍存在。如湖南洞庭湖地区,其地旧称"蛮俗好巫,每淫词鼓舞,必歌俚辞","沅湘之间,其俗信鬼而好祀",在远古时期处于三苗聚居之地,人人为巫,傩仪盛行。唐宋以后,发源于山东的杞梁妻故事,后衍变为孟姜女传说,流传到湖南澧州地区,当地民间开始创造、丰富、完善孟姜女故事。明正德元年,任朝廷监察都御史的李如圭因病思乡,请旨回故乡澧州养病,他在嘉山游览过程中,目睹了当地众多与孟姜女有关的遗迹及风物传说。为迎合明初全国大型崇祀的热潮,作为朝廷大员的李如圭便与澧州知府商议修建孟姜女祠。于是嘉靖甲午年夏,嘉山第一座供奉孟姜女娘娘的"贞烈祠"隆重落成。一时之间,官民云集,朝拜孟姜,从此嘉山贞烈祠的孟姜女祭祀仪式也成为定制。据《直隶澧州志·祠庙志》所载:"嘉山望夫台庙,二进六间,州民不时朝谒,每岁春秋二仲官亲至祭。"①由官方亲自主持的孟姜女庙会,是一年中最为隆重、热闹的庙会活动,其中最引人注目的是山门外场坪上傩戏艺人演的《孟姜女》。据清乾隆时所修《直隶澧州志林·风俗》所载:"合族祭先祖于祠……始傩,击鼓铙镯以迎傩神逐瘟疫,舞者歌孟姜女故事。"民间戏班在举行孟姜女傩祭仪式时,都要唱傩戏《姜女下池》。当孟姜女与范喜郎唱完"姜女不到愿不了,姜女一到了愿心",此时,便有一小丑扮鬼邪上场,走着令人恐怖的鬼步,扮孟姜女的艺人戴上鬼脸壳子(傩面),持三尺青锋剑,或一桃木棍,在台上驱赶鬼邪,直到擒住它们,台下观众便鞭炮大作,一片欢呼。整个孟姜女庙会在傩戏的推动下,异彩纷呈,气氛热烈。②

另有综合性的戏剧出现在酬神活动中,它们大多为历史故事,演历史上的英雄贤臣烈士事迹,当然也有少部分世俗

---

① [清] 魏式曾(修),何玉棻(纂):《直隶澧州志》,岳麓书社 2010 年版,第 376 页。
② 李琳:《洞庭湖区孟姜女信仰的文化人类学考察》,载《文化遗产》,2012 年第 2 期。

故事戏、婚姻家庭戏,这些戏剧演出作为敬奉神明的一种方式而存在,他们也是仪式中不可缺少的部分,离开祭祀仪式,它们也可以单独演出。随着民间崇神、祭神内容的不断扩大及地域色彩的不断加剧,宋代以后,酬神活动逐渐成为一个地区民间的重要娱乐活动。至清代,这种活动发展得更全面,与百姓的生活联系得更紧密。其盛况与民众自愿参与之热情,是任何时候所无法比拟的。清代民间"演戏酬神,城乡皆有,有会戏,有愿戏,三日、一日不等"。会戏,主要是指在某神诞日或确定的庙会时间,由相应的香火会推举"会首"出面组织,民众集资举行,其规模一般较大,通常称为赛会;据《平望志》载,江南某地"四月初八,相传'城隍神诞辰',各坊拜祝演剧于庙,曰'太平会'"。愿戏,主要是民间诉求、还愿举行的报赛活动,这其中有一家一户对某一民间神灵的还愿行为,也有地方固定的春祈秋报活动。对于酬神演戏活动,城乡中都有一批热衷的组织者,"常年香火会以敬事神"。某神的祭祀活动都有其相应的香火会出面组织,如有为祀关公而组织的"单刀会",民众皆自愿而主动参加。

结语　信仰与生活

　　民间俗神信仰在个体层面上具有精神寄托、心理调节和祈愿表达之心理学功用,总归来说是属于精神之慰藉。人类学大师马林诺夫斯基的著作《巫术科学宗教与神话》中有一句话:"人类极其关心的是传种与营养。"用现在的话来说,是"活下来"和"活得更好",这要靠种之繁衍和物之生产,这两方面自然是维持人类生存生活之基本要素。但其中又包含了众多生活之需求:种的繁衍,不仅包含有关的生殖、生育行为,还包括健康等需求;而物之生产,不仅仅是在人类社会第一次分工之时仅有的农业与手工业两大传统行业生产,随着社会生产力和分工的精细化,更多的职业分工亦出现了。在以上两大类生殖、生产行为中,中国先民算是一个勤劳的群体了,以我国的自然条件来说,气候、土地等并不是最适宜最丰沃的。然而,中国古代民众在复杂的自然环境和错综的社会背景下,奋力打拼,有时仅得一夕之饱,只有发出"连老天都不帮我"的哀叹,继而又转向对超自然力量即神灵的祷告和祈愿,以此来求得生产之保障与心灵之抚慰。刘江宁、周留征在其论文《社会转型期民间信仰的功用研究》中说:

"（面对社会）同时并存的'外在风险'和'人为风险'的双重挑战，人们往往感到前所未有的紧张、恐惧和孤立无援。而精神不安，何以安身立命？人们需要一个'场所'，来托管那颗游荡的灵魂，找寻让肉体生命延续下去的理由、希望和信心。民间信仰则满足了人们的这种精神需求。"此言甚是，然而，自古以来都有人将之斥为"迷信"，特别是近代以来在西方"科学"思潮对中国传统文化之冲击下，对民间信仰的批判更为严重。其实，"迷信"的核心是"盲目地相信"，从中国民众民间神灵信仰的情况来看，并未达到"盲目"之地步，他们在生产、生活中依然有知识、经验和"科学"之存在，而民间神灵信仰只是对这些知识经验之辅助补充。马林诺夫斯基在著作中曾以生活在新几内亚东北的梅兰内西亚人为例，证明他们在生产中利用巫术仪式的原因，笔者认为很能说明问题，在此抄录如下：

> 巫术，在土人底心目中，对于园艺底兴盛，自然是不可缺少的东西。没有巫术，会有怎样结果，也没有人能够正确的说，因为土人底园子没有不曾经

过巫术的……然因此便谓土人将一切好的结果都归功于巫术吗？实乃大大不然。你若向土人说治园全用巫术，不要工作，他便笑你思想简单。他与你同样知道天然条件与天然原因，他以观察力量也知道这些天然势力可用自己底智力体力来加以控制。土人底知识固属有限，然在有限范围以内则颇正确而无神秘色彩。篱若倒了，种若坏了，或被水冲，或被旱干，他都不找巫术，都在知识理性之下努力工作。然在另一方面，他底经验也告诉他，不管怎样小心谨慎，也有某种势力会在某一年意外丰收，雨旸如时，一切顺利，害虫也不出现；另一年则有同一势力与你为难，干甚么都遭坏运。巫术就是所以控制坏运与好运的。

因此可见土人之间，是将两种领域，划分清楚的：一方面是一套谁都知道的天然条件，生长底自然顺序，一般可用篱障耘茇加以预防的害虫与危险；一方面是意外的幸运与坏运，对付前者是知识与工作,对付后者是巫术。

马林诺夫斯基举例说明了巫术在土人生产中的作用,同样的道理也适用于民间俗神信仰,因其心理机制与马氏之举例极为相仿。从心理学意义上而言,民间俗神信仰正如高长江先生所言:"主要功能不是改变现实生活中的恶、痛苦、无序这类问题,而是使我们如何把这些问题承受下来。"当然,其功用还在于进行心理调节,重获生活之希望和重构现实之生活。因而在此意义上,民间俗神信仰"作为最亲近普通民众的本土化信仰资源,能通过对超自然力量以及彼岸世界的追求拉长人们的视线,减轻心灵的焦虑,抚平现世的创伤,实际上是借助自我心态的调整,为那些无法解决的问题找到出路",这就是民间俗神信仰在个人生活之中的主要意义。

人是群体之动物,在社会实践中人类建构不同的社会关系,并通过种种制度、秩序与意识来约束、调节这些关系,以便更好地增加凝聚力而为群体服务。在这当中民间俗神信仰之作用值得重视,它在中国传统社会中曾经起到了一定的群体整合作用,才能使得这幅员辽阔、人口众多的多民族国家具有了一定意义上的向心力。多民族、跨空间、不同风俗习惯的人们，一旦进入俗神信仰的情境中，在共同的神明崇拜中将会倾注共同的情感寄托，找到共同的精神家园。因此我们说大到民族共同体，小至村落社区，民间俗神信仰都起着凝聚精神之功用。

从帝国历史时期的实现统治和权力控制来说，传统的乡村社会虽然皇权不下县，但是国家通过地方士绅来治理乡村，并且以仪式构建的权威来震慑民间，基层社会通过对帝国信仰的复制，生成了民间的各种神灵信仰，通过文化与政治上的双重成果编织有利于乡村发展的"权力文化网络关系"，民间信仰也成为沟通国家与基层社会的纽带。

从区域和社群整合功用来说，民间信仰如何整合社会与群体，这里可以引入"祭祀圈"与"信仰圈"之理论来做解读。所谓"祭祀圈"是日本学者冈田谦所提出的，指的是"共同祀奉一个主祭神的民众所居之地域"，并认为在同一祭祀圈里的民众在婚姻、市场等一系列社会生活方面具有一定的紧密联系，因此村落神灵信仰为一地社会文化整合提供非常自然合理的精神功能。然而,祭祀圈理论一旦跨出村落范围而进入区域性的地方社会后,则明显暴露其理论之局限。因此,台湾学者施振民、许嘉明、林美容等人进一步提出了"信仰圈"理论,认为对同一阶序的神灵的共同信仰将一定区域内的民众整合了起来。由于区域内的神灵存在不同的层级,所以区域民众及其生活空间也存在不同层级的祭祀圈,最后形成一个较大范围的信仰圈,而信仰圈同时也发挥着跨宗族、跨村落人群的整合功能。虽然上述"信仰圈"的范围是针对"区域"提出的,"区域"在一定程度上的意义只是相对于"村落"这个较小的称为"地方"之空间范围而言的,是人类学家在不满意微观村落研究模式的情形下发展出的分析框架,但是如果我们将视野再放大一点、推远一点,就会发现一些看似有着巨大数量信众的民间俗神所覆盖的范围也可以用"信仰圈"来阐释。如田横信仰山东半岛与朝鲜半岛形成的"田横信仰圈",福建与台湾形成的"郑成功信仰圈",东南亚乃至更大范围形成的"妈祖信仰圈"、"郑和信仰圈",具有全体华人意义的"关帝信仰圈"等,都因具有了跨国乃至跨文化、跨种族之意义,在区域文化交流、融合上起到了一定的功能。因而总体来说,信仰圈理论模型的学术意义在于揭示了地域社会的形成是建立在区域神灵信仰基础之上的,在人类社会逐渐复杂化的文明时期,对于信仰的实践者而言,其文化意义上的存在远比功利意义上的生存更为重要。

后 记

　　本书从 2013 年六七月间构思动笔,到次年一月正式定稿完成,短短半年时间,却是笔者对上一阶段学习的一个小小成果。有了这样一本小书,心里既是惶恐,又是欣慰。欣慰的是,本书是笔者 2011 年至 2013 年在华东师范大学中国语言文学流动站跟随陈勤建先生学习期间,将自身从原先的中国古代史、历史地理学学科背景逐渐延伸到文艺学、民俗学视角加诸其中融合及转换之汇报与总结。虽然笔者的博士后出站报告题目与本书议题并不完全相涉,但在流动站学习之时,业师对中国民俗学、文艺学、历史学的精深见解与造诣早已潜移默化地影响了学生,以至于上海辞书出版社约稿"民间信仰口袋书"之时,笔者才能有勇气真正面对这个以前从未想象能"驾驭"得了的研究题目,从而在教学、科研任务都十分繁忙的情形之下完成本书,因此,可以说,侍学陈门、亲炙陈师教诲是本书得以完成的直接学术背景。

遥忆起 2006 年,初至南京大学历史学系攻读历史地理学博士学位,业师胡阿祥先生建议笔者选择"日月崇拜"作为博士论文的研究方向,开始时虽一直抱着要研究山西政区地理的想法,却也怀着对原始崇拜和神话议题的一丝好奇进行了资料的搜集工作,最后终将研究范围缩小到"太阳崇拜",以"历史地理学"的角度研究,2009 年终于完成论文,获得博士学位,当然也有了之后对于神话、信仰等议题的持续关注。虽然距今已五载,但在南京大学跟随胡师读书的点点滴滴仍旧萦绕脑海,特别是胡师在传道授业之中教育我们为文、为人诸多道理,更使学生受益匪浅,可以说,本书的另一学术源头亦是在南大、在胡门。

上海文艺出版社的徐华龙先生,可以说是笔者之私淑业师,是来沪后结识的第一位民俗学名家,问学徐师可以说是笔者转入民俗学视角的第一步,徐师谦谦君子,提掖后辈,能有幸问学更是笔者之幸。

学问之路漫长修远，家人亲朋的支持与陪伴无疑是前行路上的最好支撑力量：父亲赵先生、母亲李女士、外子汤树明君、双妹媛、敏陪伴在侧，温情守候，从无怨言，这本小书得以出版更是对他们的最大安慰。

挚友首都师范大学秦方博士、华东师范大学沈梅丽博士，堪称笔者学术道路的"小伙伴儿"，与子交游，更能体会女性优雅、学问之乐，虽未朝夕相伴，然晨昏定省，有朋若此，岂不乐哉！

在此，还要感谢的是，上海辞书出版社对于本套丛书的出版构思与策划，更促使笔者能将所学所思成文出版。

最后值得一提的是，本书的全部写作是在笔者博士后出站，走向新的工作岗位期间完成的，笔者所在单位上海应用技术学院的领导以及同事，在工作上和生活上都给予了不少帮助和教导，特别感谢人文学院领导刘红军院长、李正东、苗瑞凤副院长以及文化产业管理教研室的同事们，可以进入这样一个温暖而又向上的工作团队，亦为笔者幸事。

絮絮叨叨至此,笔者想起了 2011 年日本年度汉字——"绊",在日文里,"绊"字意为纽带、联系,也有"牵挂"之意。"绊"也可称得上是笔者之关键汉字:业师、家人、挚友、同事、学生……正是有了这么多期盼而又温暖的目光,才能在追寻学问与人生意义的道路上,勇往直前,永不孤单。

赵李娜

2014 年 6 月

图书在版编目(CIP)数据

神／赵李娜著. 一上海：上海辞书出版社，2014.8
(民间信仰口袋书系列)
ISBN 978 - 7 - 5326 - 4262 - 5

I.①神… Ⅱ.①赵… Ⅲ.①信仰—民间文化—中国 Ⅳ.①B933

中国版本图书馆 CIP 数据核字(2014)第 169918 号

策划统筹 蒋惠雍
责任编辑 俞柳柳
整体设计 周 晨

神

赵李娜 著

上海世纪出版股份有限公司
上海 辞 书 出 版 社 出版、发行
中国图书进出口上海公司
2014 年 8 月第 1 版
ISBN 978 - 7 - 5326 - 4262 - 5/K·984